地域創生のプレミアム戦略

付加価値

稼ぐ力で上質なマーケットをつくり出す

山﨑 朗 + 鍋山 徹 [編著]
Yamasaki Akira + Nabeyama Toru

Premium Strategies of Regional Revitalization

中央経済社

まえがき

　地域創生のプレミアム戦略は，プレミアム価値の発見・創造による地域の付加価値力の引き上げです。別の言葉でいえば，企業，製品，サービス，街，地域のバージョンアップ戦略（B級→A級→S級）です。

　本書で使用している「プレミアム」は，高級，上質，高品質，本物（オーセンティク），極上，厳選，熟成，独自性，希少性，余裕，限定，多様性，高額，割増金，高収益，高単価，国際競争力，外貨獲得手段，ユニバーサル，豪華，優雅，ラグジュアリー，贅沢，心地よさ，5つ星，3つ星，クール，サステナブル，時間消費，富裕層，セレブ，上客，ハイエンド，ブランド，顧客満足，愛着，こだわり，物語性，感動，非日常，エキゾチック，誇り，ファン，リスペクト，マーケットインといった多様な意味を包摂しています。

　つまり，これまで日本企業や日本の地域が得意としてきた，大量生産・大量消費の耐久消費財の製造・販売や均質化された団体向けの飲食・宿泊サービスの提供ではなく，これまでターゲットとしてこなかった「上質なマーケット」の発見・開拓，創造です。

　プレミアムという用語は，ビール，コーヒー，チョコレート，アイスクリーム，ケーキ，目薬，さらには金融商品やサイト「PREMIUM JAPAN」まで，多種多様な製品，サービスに使用されるようになっていますが，プレミアム地域創生は，プレミアムという冠をつけた商品やサービスの開発のことではありません。

　また，地域創生のプレミアム戦略は，プレミアム商品券（ディスカウント商品券）による地域活性化策とはまったく関係ありませんし，もちろん2017年から中央省庁主導で始まったプレミアムフライデーのことでもありません。

　地方創生ではなく地域創生という用語を本書で使用しているのは，地方の戦

略だけに限定されず，東京や大都市圏におけるプレミアム戦略も含んでいるからです。東京に不足しているものも，実はプレミアム（オフィス，住宅，ホテル，国際会議場，国際展示場，国際空港，豪華客船用埠頭や街並み）なのです。

日本生産性本部によると，OECD35カ国中，日本の労働生産性は2016年に20位でした。日本の1人当たりGDPや労働生産性の国際ランキングが低下してきた要因として，日本企業の国際競争力やイノベーション力の低下，日本のサービス産業の低賃金・低生産性，IT化への対応の遅れ，経営者の能力不足などが挙げられています。

確かに，それらの要因も軽視できません。しかし，私たちは先進国となった日本において付加価値を高めるために，日本企業，日本産業，日本の地域（東京を含む）に決定的に欠けている共通の要素に着目しました。それが，プレミアムです。

日本企業や日本の地域にとって重要なことは，「いいものを安く売る」ことではありません。「プレミアムなもの（あるいはサービス）をその価値に見合った価格で売る」ことにほかなりません。そのことによって，地域や日本の付加価値を高め，サービス産業の生産性を高め，賃金を上昇させ，地域も活性化（経済的にも精神的にも）するという好循環を生み出すことができます。

本書では各地の多様なケースを取り上げています。その理由は，「プレミアム化を通じて地域をいかに豊かにしていくのか」という視点や戦略には，多様性があるということを理解していただきたいからです。

実は，2015年に中央経済社から山﨑朗編著『地域創生のデザイン』を出版しました。人口減少，少子高齢化，グローバル化，サービス経済化，イノベーションの時代における，地域開発のパラダイムシフトを大胆に提案した本です。S級志向へのシフトについては，『地域創生のデザイン』のまえがきおよび第1章のなかで指摘しています。地域創生のパラダイム転換について関心を持たれた方は，ぜひ『地域創生のデザイン』もお読みいただければ望外の喜びです。

本書の執筆に際しては，本書の編集にもご尽力をいただいた鍋山徹氏をはじ

めとして，一般社団法人日本経済研究所のみなさんのご協力を得ました。また，ヒヤリングや現地調査，写真の提供においても，多くの方々にご協力をいただきました。

　商品，サービス，街のプレミアム化について，各地で新しい動きが始まっています。紙幅の制約もあり，本書で取り上げることのできたケースは，その一部にすぎません。今後，続編でご紹介する機会があればと考えています。

　出版事業が厳しい折に，本書の出版をご快諾いただいた中央経済社ホールディングス会長の山本継氏と経営編集部副編集長の市田由紀子氏に心より御礼申し上げます。

2018年1月

執筆者を代表して
山﨑　朗

目　次

第1章　なぜいま地域創生のプレミアム戦略なのか ── 1

1　地域の潜在力を付加価値化せよ・1

「地域の稼ぐ力」の実現：RRP／サイクリングのプレミアム価値／風が吹けば桶屋が儲かる／天空の楽園／過小評価とfake／舶来志向からの卒業

2　拡大する富裕層マーケット・5

プレミアム市場の存在を知らしめたJR九州の「ななつ星in九州」／増加する世界の「ビリオネア」／世界の富裕層は増加傾向／今後も増加する日本の富裕層／8万8千円の「ライスワイン」／国際的評価が高まる日本のワインとウイスキー／ロマネ・コンティのプレミアム戦略

　コラム　ルビーロマンのプレミアム

3　プレミアム価値の発見・10

ヨーロッパのプレミアム市場を開拓せよ／何もないがここにある：古民家のプレミアム価値／ジョー・プライス氏の審美眼：若冲の再発見

4　プレミアム地域創生に向かって舵を切れ・12

東京の稼ぐ力が落ちている／東京は世界19位にランクダウンか？／Japan as No.5!／日本の1人当たりGDPは世界18位／労働生産性は22位／業務効率化は問題の本質ではない／稼ぐ力にもとづく豊かな地域の形成／地方消費税を引き上げよ／地域を飛び出せ／価

価格競争から価値競争へ

第2章 地域創生につながるプレミアム・マーケティング
―― 地方における中小企業の挑戦 ———————— 21

1 こだわり消費の拡大
――プレミアム・マーケティングの重要性・21

激化する低価格競争／消費者は低価格のみを求めているのか？／こだわり消費の拡大／プレミアム・マーケティングの重要性

2 地方に所在する中小企業のプレミアム商品
――明宝特産物加工のケース・23

大手企業とプレミアム商品のミスマッチ／地方の中小企業こそプレミアム商品！／岐阜県郡上市：明宝特産物加工／明宝特産物加工とは？／明宝ハムの価格／明宝ハムの販売エリア／百貨店での催事／市場および地元からの強いニーズ／利益を追求する組織体制

3 海外市場に挑むプレミアム商品の可能性
――瀬尾製作所のケース・28

富山県高岡市：瀬尾製作所／雨樋の海外販売／Sotto：そっと暮らしに寄り沿うデザイン仏具

4 地域創生につながるプレミアムPB・31

高付加価値を訴求する流通業者／中川政七商店／セレクトショップ／常滑焼のセレクトショップ：morrina／morrinaのマーケティング／プレミアムPB／PBとは？／トップバリュの実態／プレミアムPBのマーケティング・リサーチ／トップバリュ・セレクトの実態／プレミアム商品と地域創生

第3章 ななつ星に続け

―― クルーズ列車とD&S列車による地域創生 ──── 39

1 "車両の墓場"からの再起・39
ますます人気が高まる「ななつ星in九州」／どん底からの民営化

2 観光列車からD&S列車，そして"ななつ星"へ・43
旅の楽しみとしての列車／観光列車からD&S（デザイン&ストーリー）列車へ／富裕層の実態とニーズを知ることから始まった「ななつ星」／重量，空間などの制約下での車両設計／都市間を結ぶブルートレインから九州を周遊するクルーズトレインへ／寄り添うようなフレンドリーなおもてなし

3 九州のブランドが輝く舞台・50
九州，日本の匠の技のショールーム／「手間ひま」が生み出す食の感動／ななつ星を通じて広まる九州の魅力

4 協働から共創へ
――トップランナーが挑む新たな地平・52
ななつ星を彩る沿線住民の力／ななつ星にふさわしい景観を生み出す好循環／協働から共創への進化／全国に広がる観光列車とプレミアム化

第4章 公共空間の再生を通じた東京のプレミアム化

――世界都市の条件 ──── 57

1 世界都市・東京の復権に向けて・57
国際ビジネス拠点・国際金融都市を目指す／都市間競争の時代／

世界都市論
コラム 世界都市ランキング

2 世界都市の条件・60
世界水準のビジネス環境の整備／ソフトインフラの充実も不可欠／本質機能と表層機能

3 東京のプレミアム価値を再考する・63
感性価値としての「都市の魅力」／界隈性とウォーカビリティ／東京にも魅力的なまちはたくさんある／ローカリティというプレミアム価値

4 公共空間の質を高める・66
ニューヨーク市の戦略／都市には公園が必要だ／東京には公園が足りない／魅力に乏しい東京の公園／ニューヨークの公園を支える制度／PPPによる公共空間の活性化／東京の公園にも変化の兆し／変化は河川敷や道路でも／公共－市民－民間の「三方よし」へ

5 都市を養育する・74
まちを好きになることから始めよう

第5章 観光のプレミアム戦略
── インバウンド6,000万人に向けて ── 77

1 量から質への転換が求められる日本のインバウンド・77
激増する訪日外国人数／陸路のないニッポン／日本には人気のホテルがない／日本には超高級ホテルがない／日本には上客が来ない？／欧米からの訪日観光客は増えるのか？

2　ニッポンの空港問題・81

日本の空港には欧米便が少ない／北米便に強い成田空港／スイスの山村の国際航空ネットワーク／欧米便の減少に歯止めをかけよ／実は世界観光ランキング4位の日本／訪日外国人の少ない山陰，北陸，四国，東北

3　富裕層にロックインせよ・85

世界一の美食都市東京／格安な「宿坊」／フランス人に人気の高野山／富裕層向け「宿坊」の誕生／永平寺門前の再構築プロジェクト／ビジネスジェットの受け入れに失敗した日本／ビジネスジェット枠の拡大／海外の富裕層向けの別荘／北海道リゾートのプレミアム化／富裕層向け高級リゾート／下地島空港の再開発事業／人口が増加する沖縄の離島／奄美固有の自然とリゾート開発

　コラム　究極の飛び道具（水陸両用機）

4　総合力としての街・地域のプレミアム化・93

イチゴを食べたことがない！／「深み」を戦略に／街並みのプレミアム化

第6章　第4次産業革命をプレミアム革命に
——IoTと人工知能　97

1　産業革命で今，起きていること・97

地域創生に向けたプレミアム戦略／人類の歴史は可視化の歴史／IoTを理解するための3つの視点／すべての産業で商品・サービスがリプレース／人工知能によって新しいビジネスを開発／人工知能は人間が気づかない視点をさがす／リアルな空間とバーチャルな空間をつなげた観光ツアー

2 IoTビジネスにみるプレミアム戦略・102

茶畑・果樹園からマンホールまで用途は多岐に／シリアスゲームは高齢社会へのソリューション／小売業界の垣根を越えたアマゾンダッシュボタン／バラつきを改善した小規模農家／派生的な効果で収益を高めた酪農家／リアルタイムの情報管理を実現した森林組合／モノに付随したサービスを売る製造業／現場の可視化でプレミアムな空間サービスへ

3 地域創生のためのプレミアム戦略・109

日本の強みは洗練性／サイバー攻撃によるウイルス被害には注意／新規事業の開拓が最終のゴール／事業の再定義と綿あめ菓子の話／バーチャル空間での規模拡大はビジネスチャンス／目に見えないものを売る／地域は洗練性とオリジナルの再構築で

第7章 日本酒と焼酎のプレミアム化への挑戦
——シンクロする味と香り —————— 115

1 地方創生とプレミアム化・115

地方創生／プレミアム化の含意／追いついたけど追い越せない／プレミアム化の方法

2 酒とデフレと蹉跌と文化・118

酒離れ？／情報の非対称性／デフレ的状況／酒と文化

3 日本酒のプレミアム化・121

日本酒の歴史／一変した評価／製造技術の変遷／日本酒の風味の課題／欠点の排除からの付加への転換／中小蔵の高評価／日本酒の製品開発／地域性がプレミアムの根拠へ／他の酒類と開発手法

4 本格焼酎とプレミアム化・126

芋の香り／新しく，差別化するために／ライチの香りの焼酎／新型焼酎とは／ネガティブとポジティブの間で／日本酒の進化との共通性：シンクロする発展方向／プレミアム化とは独創のこと

第8章 "志民"が進める「まちなか」のプレミアム化
——地域文化の継承・創出 ——————— 133

1 まちの誇りと新たな文化を生み出す
——「はっち」&「まちぐみ」・133

青森県東南部の中心都市：八戸市／「まちなか」の交流・創造拠点「はっち」の誕生／アーティストと市民が手掛けるまちの「ソウゾウ開花」／市民集団「まちぐみ」が生み出すわがまちへの誇り／「まちづくり」を通じて未来のUターン者を育てる

2 多彩な志民が「まちなか」で新たな文化を創造する
——「ゆりの木通り商店街」&「万年橋パークビル」・138

静岡県最大の都市：浜松市／商店街の空き店舗を多彩な人材の活動の場に！／お互いを知ることから始めよう！「ネイバーズデイ」&「手作り品バザール」／人が集まりアイデアが湧き出る源泉「万年橋パークビル」／「ひと」と「まち」の結節点を目指して

3 志民が育むタウンシップのまちづくり
——地域づくりマネージャー養成塾&タウンシップスクール・143

北九州市の副都心：八幡西区黒崎地区／黒崎副都心の"顔"コムシティの破綻と再生／若者世代の新たな活動拠点「北九州市立ユースステーション」／産学協同の学びの場「地域づくりマネージャー養成塾」／志民の手によるまちづくりビジョン「黒崎タウンシップ宣言」／まちづくりの裾野を広げる「タウンシップスクール」

4 「まちなか」に賑わい（＝プレミアム）を取り戻すために・149

「まちなか」の賑わいづくりの3つのポイント／「まちなか」再生に向けた3ステップ／志民が築く「まちなか」の新たな地域文化

里山・里海を守れ！
——生き残りを賭けた条件不利地域のプレミアム化戦略 − 153

1 条件不利地域とは何なのか・153

人口流出が続く条件不利地域／条件不利地域を追い詰める負のスパイラル／条件不利地域に対する考え方／危機的状況が生み出した反作用

2 「暮らし」の価値の見直し —北海道下川町・156

森林資源を無駄なくカスケード利用／下川モデルによる集落再生への挑戦

3 「仕事」の価値の見直し
—長崎県松浦市，平戸市，佐々町・159

繊維産業の衰退／民間主導の高付加価値化プロジェクト

4 「文化」の価値の見直し —長崎県小値賀町・161

民泊事業は無形の価値の商品化／世界から評価された島民の心

5 「支え合い」の再構築 —秋田県横手市・164

人口問題の最先端地／「自助」「互助」「公助」を補う仕組みづくり

6 ケーススタディに見る内発的発展論の援用と課題・167

内発的発展論そのものにも大きな課題／条件不利地域を救う「新・

内発的発展論」

第10章 グローカル教育のプレミアム展開
―― 多様性がもたらす意識変革 ─────── 171

1 混ざる効果
――立命館アジア太平洋大学（大分県別府市）・171

APUのはじまり／3つの50／混ざる効果／愚直に目指す／APUがもたらす経済効果と国際学生のネットワーク／卒業生の活躍：フナキさんの夢

2 ふるさと納税が支える奨学金
――ユナイテッド・ワールド・カレッジISAKジャパン（長野県軽井沢町）・177

日本初の全寮制インターナショナルスクール／多様性の中で鍛えられる／チェンジメーカーを育てる／軽井沢だからこそ／ふるさと納税が支える奨学金／初めての卒業式

3 究極のアカデミック空間
――国際教養大学（秋田県秋田市）・182

AIU開校／究極のアカデミック空間／かわいい子には旅をさせる／驚異の就職率と厳しい卒業条件／実はここにある

4 地方はチャンス
――グローバル・ニッチ・トップ教育機関を狙え・187

多様性が鍵になる／グローバル・ニッチ・トップ教育機関を狙え

第11章 プレミアム地域創生の実現に向けて ─── 191

1 マクロとミクロの両面からの分析・191

目標は成長ではなく持続可能性／生活の質と人口の質を高める／移出性のある農林水産業や観光産業に期待／ふるさと納税と長崎県平戸市のウチワエビ／三澤勝衛の風土学と小倉織／モノとヒトの活発な交流／地域の基盤産業の強化，まちづくり，ひとづくり

2 プレミアム地域創生の実現に向けて・197

地域ならではの体験と異日常空間／日本の資源と発酵食品によるプレミアム戦略

3 未来に向けたトレンドと創造型人材の育成・201

パーソナル×リピート／GENERATION Zの世代に注目／右脳と左脳のビジネスモデル／インプット型の教育は創造性を阻害する

4 おわりに・206

索　引

第1章 なぜいま地域創生のプレミアム戦略なのか

　地域の自然，歴史，文化，伝統，街並み，企業，大学，農作物，食品，工業製品，伝統工芸品，社会資本，サービスの有する潜在的価値を最大限引き出し，付加価値として現実化させること，それが本書でいう「地域創生のプレミアム戦略」です。

　「地域創生のプレミアム戦略」は，さまざまな地域における多様なプレミアム価値の発見，発信，創造，実現です。価値がないと思われていたものが実はプレミアムな価値を，安価な商品・サービスが素晴らしい価値を，古いものが新しい価値を，ローカルなものがグローバルな価値を有していることが少なくありません。

　「地域創生のプレミアム戦略」にはプレミアムな地場産品の新規開発も含まれますが，新しい地場産品の開発よりもむしろ多様な観点からの，すでに存在している地域のプレミアム価値の発見を重視しています。

1　地域の潜在力を付加価値化せよ

「地域の稼ぐ力」の実現：RRP

　地域創生の課題は4つあります。1つは，人口減少・高齢化に対応した新しい地域構造への移行（都市や地域のコンパクト化，土地利用・施設利用の転換）です。これは，人口減少に伴う地域のシュリンキング（縮小）です。

　残りの3つは，①地域におけるイノベーションの活性化，②地域のグローバリゼーションの促進，③地域のプレミアム化です。これらの3つは，地域経済の付加価値を高める戦略です。

　地域のプレミアム化は，「地域の稼ぐ力」の実現（RRP:Realization of Regional Potentials）です。プレミアム化は，富裕層や外国人を含む多様か

つグローバルなニーズへの地域的対応です。これこそが，本当の地域創生につながるのです。

これから，地域のプレミアム化について具体的にみていきたいと思います。

サイクリングのプレミアム価値

人口，自動車交通量の少ない地域は，逆に自転車に乗るには好都合です。サイクリングイベントで人気となっている地域は，道路は整備されているものの自動車交通量の少ない西表島，石垣島，佐渡島，小豆島のような離島や能登半島のような半島地域です。

離島，半島の開発は，大都市圏からの交通アクセスに問題があり，容易ではありません。だからこそ，離島振興法や半島振興法が存在しているのです。

そのため，人口比，可住地面積比当たりでみれば，おそらく他の地域よりも相対的に多い道路投資がなされてきました。その結果，離島，半島地域はサイクリングに最適な地域となったのです。信号機や自動車交通量が少ないうえに，1車線の道路だとしてもきちんと舗装・整備されており，しかも眺めがよく空気がきれい（そのうえ食事が美味しい）というのは，サイクリストにとってのプレミアム価値となるからです。

風が吹けば桶屋が儲かる

たとえ年1回のツーリング大会を開催するだけだとしても，世界的なイベントとして認知されれば，SNS等を通じて世界中に情報発信される時代です。世界からサイクリストが集まり，観光業や飲食業の振興の可能性も高まります。

サイクリングの聖地として認知されれば，大学のサイクリング部や一般客（観光客）による年間を通じてのサイクリング需要が生まれます。そうなると，それまで地域に存在しなかった**関連支援産業**（自転車関連グッズの販売店，自転車レンタル業，自転車修理業，損害保険業など）の立地や，自転車やサイクリングを趣味とする人たちの移住も期待できます。

さらに住民もサイクリングを楽しむようになれば，地域内の二酸化炭素の排

出量が減りますし，住民の健康にもつながるという副次的効果ももたらされます。宮古島のように，100kmを超えるウルトラマラソンやトライアスロン大会との組合わせによる相乗効果も考えられます。また，登りやすく眺めのいい離島の山は，ハイキング，トレッキング，登山にも適しています。

確かに，「風が吹けば桶屋が儲かる」的なメカニズムがうまく作動したとしても，サイクリング関連の雇用はわずかかもしれません。それでも，人口の少ない離島や半島地域であれば，地域に人を呼び込む効果を見込めます。

2017年1月，都市住民3,000人に対して総務省が実施したインターネット・アンケート調査では，農山村漁村に「移住する予定がある」は0.8%，「いずれは（ゆくゆくは）移住したい」は5.4%，そして24.4%の人が「条件が合えば，移住してみてもよい」と回答しました。20代では，それぞれ1.3%，8.5%，28.1%でした。世代別では，20代，30代の農山村漁村志向が高くなっています。「農山村漁村に移住する条件」の1位は，「生活が維持できる収入（仕事）があること」（84%）でした。

天空の楽園

周囲を山に囲まれ空気がきれいな長野県阿智村は，「日本一星空の観測に適した場所」（環境省認定，2006年度）に認定されました。2012年から，「天空の楽園　日本一の星空ナイトツアー」を開催するようになっています。

1,400m地点まで登れる「ヘブンスそのはら」スキー場のゴンドラの活用，住宅や店舗の一部消灯や窓にカーテンを引く日を設けるなど，自治体と住民が一体となった「天空の楽園」づくりは素晴らしいと思います。昼神（温泉）に夜神（天空）という組合わせは，単なる偶然ではないかもしれません。

永井孝尚氏によると，ツアー初年度は集客目標5,000人に対して6,500人が，2013年は2万2千人，2014年は3万3千人，2015年は6万人が参加するまでになっています。2016年の参加者数は，事務局が現在集計中とのことでしたが，どうやら10万人を超えたようです。

昼神温泉は，2005年の愛知万博以降の宿泊者減少に対して，宿泊代金の引き

下げで対応したため，地域の付加価値創出力を喪失していました。昼神温泉の活性化策が，イベントの開催，旅行業者への売り込みや旅館間での団体客の奪い合いにではなく天空にあると気づいたのは，JTB中部の武田道仁氏でした。

　大切なことは，地域のプレミアム価値を多様な観点から再発見することです。そのためには，外部の視点や外部の力を積極的に借りる必要があります。

過小評価とfake

　「ニッポンはすごい」ということをテーマにしたテレビ番組が増えています。ニッポンに他国よりもすごい点が多々あることは事実です。しかし，「ニッポンはすごい」をことさら取り上げるのは，遅れて発展してきた後発先進国である日本に内在している，ある種のコンプレックスの裏返しのような気もします。

　東洋のガラパゴス（小笠原諸島），東洋のサンモリッツ（ニセコ），東洋のマンチェスター（大阪），日本アルプスといった名称は，本家よりも1つ格下の存在という意識を日本人に植え付けてきたようです。

　小笠原諸島は，世界遺産に指定されており独自の価値を有しています。近年，船でしか行けない小笠原諸島へのクルーズの旅が人気になっています。それはそれでうれしいのですが，小笠原諸島へのクルーズ旅行のパンフレットに，「東洋のガラパゴス」と書くのは個人的にはそろそろやめてもらいたいと思っています。

　パウダースノーで世界的に有名になったニセコは，もう東洋のサンモリッツではありません。世界のニセコです。

舶来志向からの卒業

　日本では自分たちの歴史・文化，自然よりも海外の歴史・文化，自然を一段上に置いてきました。そのことが日本の，そして地域のプレミアム戦略の最大の障害となっています。

　オランダ村，ロシア村，スペイン村，ドイツ村などなど，日本各地に世界の村がテーマパークとして建設されました。ドイツ村は，一時日本に7カ所も

あったのです。テーマパーク＝海外村＝リゾート開発＝地域振興という固定観念からは，そろそろ脱却しなければなりません。

私が子供の頃は，海外からの輸入品は「舶来品」と呼ばれており，輸入品は国産品よりも高級・上質な商品として捉えられていました。事実，そうでした。しかし，長年の努力の積み重ねの結果，今ではワインやウイスキーのように，「舶来品」を上回る評価を得る商品も生まれています。問題は，バーバーリーブランドを喪失した三陽商会の苦境をみればわかるように，「舶来品」を上回る品質，世界的評価を受けるようになった日本企業の製品に対して，日本人の，とくに高齢の富裕層の認識が追い付いていないことです。

2 拡大する富裕層マーケット

プレミアム市場の存在を知らしめたJR九州の「ななつ星in九州」

JR九州の「ななつ星in九州」の運行予定が公表されたのは，2012年5月でした。2012年10月から予約が始まり，実際の運行は2013年10月からでした。2012年5月は，東日本大震災や福島の原発事故からまだ1年しか経っておらず，日本社会が暗い雰囲気に覆われていた時期です。

「ななつ星in九州」の2016年9月までの平均予約倍率は，24倍に達しました。5度の値上げを繰り返し，3泊4日コースは1人155万円（2名1室では1人95万円）にまで引き上げられています。外国人の乗客比率も4割近くまで上昇しています。それでも，豪華車両の製作費30億円を償却し，この事業を黒字化させるのは難しいようですが，JR九州のブランド価値は高まりました。

実は，大前研一氏に「つまり，日本にもたくさんお金を持っている人，お金を使いたくて仕方がない富裕層が確実にいるのです。そのための場所が国内にないことが問題なのです」と言わしめたのが，「ななつ星in九州」でした。

JR東日本がグリーン車の上のクラスである「グランクラス」を運行し始めたのは，2011年3月でした。「ななつ星in九州」よりも1年ほど早いのですが，「グランクラス」は鉄道ジャーナリストの梅原淳氏によると，客室面積が狭く

なる先頭車両の活用策で，利用料金は高いものの，列車編成上，希少性を生み出すことができません。

　東日本大震災の後遺症や長いデフレ経済に苦しむ日本において，プレミアム市場の存在を知らしめたのは，JR九州の「ななつ星in九州」の功績です。そして，「ななつ星in九州」の成功は，JR東日本，JR西日本が豪華クルーズ列車市場に参入するきっかけともなったのです。

増加する世界の「ビリオネア」

　アメリカの経済誌『フォーブス』が2017年3月20日に公表した2017年世界長者番付によると，資産10億ドル（日本円で1,127億円：2017年3月21日の為替レートで換算）以上の資産を有する「ビリオネア」は，2016年比13％増の2,043人となりました。

　世界1位はマイクロソフトの創業者ビルゲイツ氏で860億ドル（9兆6,922億円），世界2位は投資家のウォーレン・バフェット氏の756億ドル，日本1位（世界34位）はソフトバンクグループの孫正義社長の212億ドルでした。

　国別の富豪数は，1位アメリカ565人，2位中国319人，3位ドイツ114人でした。日本は33人で，イギリス54人やフランス，韓国の38人を下回りました。

世界の富裕層は増加傾向

　The Global Wealth Report（Credit Suisee [2016]）によると，資産100万ドル（1億1,270万円：2016年3月の為替レートで換算）以上の富裕層は，世界人口の0.7％（3,300万人）にすぎませんが，世界資産の45.6％を保有しています。**富裕層をターゲットとした市場の創出が求められているのです。地域創生のカギはここにあります。**

　国別にみると，アメリカの1,355万人（世界の41％）に次いで，日本が世界2位の282万人（世界の9％）でした。しかも日本は，2015年から2016年にかけて73万8千人増加しており，増加数では世界1位でした。3位はイギリスですが，41万人減少し223万人となったため，日本と順位が入れ替わりました。

4位は4万4千人増加し164万人となったドイツです。

今後も増加する日本の富裕層

The Wealth Report（Knight Frank［2017］）も，日本の富裕層は2005年から2015年にかけて増加しており，さらに今後10年間で増加すると予測しています。

野村総合研究所の調査によると，2013年と比較して2015年には，純金融資産保有額1億円以上5億円以下の富裕層が20％増加（114.41万世帯），5億円以上の超富裕層は35％増加（7.3万世帯）したと推計しています（図表1-1）。

2000年以降では，もっとも富裕層，超富裕層が多かったのは2007年ですが，2011年の東日本大震災の影響を受け，2011年は減少していました。その後，急回復し，富裕層，超富裕層の世帯数も，金融資産総額も2015年に過去最高になっています。

日銀が2017年9月に公表した資金循環統計（速報）によると，2017年6月末

図表 1-1　日本の富裕層

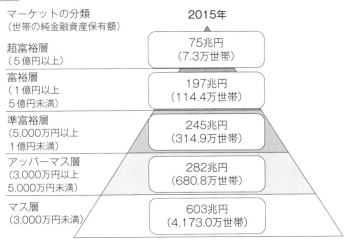

出所：野村総合研究所「日本の富裕層は122万世帯，純金融資産総額は272兆円」（News Release）2016年11月28日。

の家計の金融資産残高は1,832兆円で過去最高でした。国土交通省が2017年3月に公表した公示地価（2017年1月1日）によると，全国の公示地価は2年連続，商業地の地価は4年連続の上昇です。株価や地価の上昇を受けて，2017年には超富裕層，富裕層はさらに増加していると推測されます。

　5千万円から1億円の準富裕層は，2013年比で3千世帯減少しました。しかし，2010年比では59万世帯（＋23％）も増加しています。金融資産総額では，こちらも2015年に過去最高を記録しました。

　「ななつ星in九州」は，これらの富裕層の国内消費の受け皿として機能したのです。郵船クルーズの日本発世界一周クルーズ（102日間）は，1人412万5千円から2,625万円しますが，2017年4月の発売初日にほぼ完売しました。

8万8千円の「ライスワイン」

　2016年8月に，1本750mlで8万8千円の「夢雀（むじゃく）」が発売されました。山口市のベンチャー企業ARCHISと岩国市の堀江酒場の協力によって，「イセヒカリ」という酒米を18％まで磨いた吟醸酒です。

　販売本数は1千本限定。国内販売はわずか250本なので，輸出比率は75％。ドバイ，香港，フランスで販売されました。日本の富裕層にとって，ワインやシャンパンであれば8万8千円で購入することはあっても，日本酒ではやはり高いという感じがするのかもしれません。

　「夢雀」が将来にわたってプレミアム・ライスワインの地位を維持できるかどうかは，まだ予断を許しません。今後のプレミアム戦略いかんにかかっています。「夢雀」は，2017年に3千本，2018年に5千本販売予定とされていますが，増産のスピードが速すぎる気がします。

　販売本数を制限し，ブランド価値を維持する努力をしなければ，日本の食品会社，コンビニエンスストアが販売する多様な季節商品や，「プレミアム」を冠する商品と同様，一過性のブームに終わってしまう危険をはらんでいます。

国際的評価が高まる日本のワインとウイスキー

　日本酒のみならず日本産ワインやウイスキーの世界的評価も高まっており，日本からの酒類の輸出額は，2005年の118億円から2016年には430億円に増加しました。輸出増加の背景には，日本産ワインやウイスキーが国際的な賞を次々と（繰り返し）受賞していることがあります。2017年7月，イギリスのISCという品評会でサントリーの「響21年」は，エントリーした1,480品のなかの最高評価である「シュープリームチャンピオンスピリット」を受賞しました。

ロマネ・コンティのプレミアム戦略

　フランスのロマネ・コンティは，2007年のクリスティーズの競売で1985年産のワイン1ダースに23万7千ドルの値がつきました。当時の為替レートで換算すると，1本200万円以上となります。

　『デフレの正体』や『里山資本主義』で有名になった藻谷浩介氏も，最低でも1本30万円以上，平均で1本124万円するロマネ・コンティと比較すると，日本酒のプレミアム度はまだまだ低いと指摘しています。

　藻谷氏が例として取り上げたのは，2012年のIWC（International Wine Challenge）で「チャンピオンSAKE」に選ばれた秋田県の「福小町」（4合瓶で5,000円）です。実は，2016年7月のIWCで「チャンピオンSAKE」に選ばれた山形県の「出羽桜　出羽の里　純米酒」は，4合瓶で1,400円です。

世界一値段の高いワインを生産するロマネ・コンティのブランド価値維持および価格戦略の根底には，供給制約と品質管理があります。ロマネ・コンティ用の原料を栽培するブドウ畑は，わずか1.8haにすぎません。そのため，生産量は必然的に年間6,000本程度にとどまります。

　ロバート・パーカーのワインのレーティングでは，ロマネ・コンティは91点から99点（「破格から傑出」）がつけられており，第三者評価も高いのです。

コラム　ルビーロマンのプレミアム

　ルビーロマンの最高峰の証としてつけられるのが,「プレミアム」という称号です。ルビーロマンは, 石川県の農業総合研究センターで開発された大粒で赤色のぶどうです。甘さは巨峰並みで, 酸味は巨峰よりも少なくなっています。石川県内の90名の農家によって栽培されています。出荷額は2016年に1億4,513万円となりました。

　2008年に金沢市場で最高級品に1房10万円の値がつき, 2009年には1房25万円, そして2016年7月には1房110万円の値がつきました。2016年は過去最高の約2万房が出荷され, 一部は台湾や香港に輸出されています。2017年の生産目標は, 2万6千房です。

　ルビーロマンは, ぶどう1房に110万円以上の価値を認める消費者が日本にいることを教えてくれました。店頭では1房8千円から3万円で販売されています。

写真　1-1
ルビーロマン・プレミアム
出所：全国農業協同組合連合会石川県本部
　　　米穀園芸部園芸課提供。

3　プレミアム価値の発見

ヨーロッパのプレミアム市場を開拓せよ

　2016年, 岐阜県高山市の飛驒産業はスイス向けのレストラン用の椅子を輸出しました。飛驒高山の家具産業は, 飛驒にあったブナの原生林を利用した「曲げ木」という技術をもとに, 1922年から家具（とくに椅子）の生産を開始しました。1960年には生産量の87％がアメリカに輸出されていました。

しかし現在、ブナ林の跡には杉の木が植えられ、家具用の木材は北米、ロシアなどからの輸入木材に依存するようになっており、地域の付加価値は海外に漏出しています。**地方の地場家具メーカーが、高級家具をヨーロッパに輸出し収益力を高めることは、地域の稼ぐ力に直結します。**しかし、付加価値を地域に取り戻すためには、地域内に原料基盤があることが重要です。輸出増→生産増→農林水産業の活性化という「逆6次産業化」です。

すでに飛騨産業は、地元の国産杉を使う製品も製造し始めています。飛騨産業は、2017年3月に、中川政七商店を中心として設立された「日本工芸産地協会」(12社) のメンバーとなりました。2016年4月に飛騨産業は、イタリアの世界最大級の家具見本市「ミラノサローネ」に出展しています。

同じく「ミラノサローネ」に出展してスイスの代理店を見つけたのが、提灯を製造販売する岐阜県の浅野商店です。提灯の技術を活用した照明器具をヨーロッパに輸出し始めました。**伝統技術＋デザイン**によるヨーロッパのプレミアム市場の開拓です。

1400年の歴史を有する福島県の川俣シルクは、フランスの高級ブランド「エルメス」のスカーフの生地を供給します。イタリアのミラノで開催された展示会に出展したのがきっかけです。斎栄織物（福島県川俣町）が開発した世界一薄い絹織物である「フェアリー・フェザー」の生地4,000mで2018年春夏物用スカーフ2,000枚分です。こちらは、**伝統技術＋イノベーション**によるヨーロッパのプレミアム市場の開拓です。

何もないがここにある：古民家のプレミアム価値

さきほどサイクリングロードと星空のケースを取り上げましたが、地域のプレミアム価値は、よそものや外国人によって発見されることが多いのです。

慶応大学に交換留学生として日本に来ていたアレックス・カー氏は、1973年徳島県三好市祖谷地区にある120坪の茅葺き屋根の古民家（廃屋）を38万円で購入しました。家屋はタダ、土地代は38万円でした。今ではトイレ、風呂、照明、冷暖房は近代的になっています。カー氏が古民家を購入した経緯について

は，『美しき日本の残像』（朝日新聞出版［2000年］）をお読みください。その古民家は，篪庵(ちいおり)と命名され，今では国内外の観光客が宿泊する宿となりました。

　『平成27年版　観光白書』によると，祖谷地区での外国人延べ宿泊者数は，2011年の1,456人から2013年には3,872人に，2014年上半期は2,555人（年間5千人ペース）にまで増加しています。JTBが篪庵につけたキャッチフレーズは，「何もないがここにある―築300年を超える茅葺き屋根の民家ステイ」です。

　このような廃屋が世界中の人たちから注目を集める宿になるとは，当時祖谷地区に住む人の誰が想像できたでしょうか。地域創生のカギは，新しい特産品づくりよりも，地域に潜在しているのプレミアム価値の発見にあるのです。

ジョー・プライス氏の審美眼：若冲の再発見

　2016年4月から5月にかけて「生誕300年記念　若冲展」が東京都美術館で開催されました。埋もれていた伊藤若冲（1716-1800）に光を当てた1人は，アメリカ人のジョー・プライス氏です。2017年3月に連載された，『日本経済新聞』の氏の「私の履歴書」をお読みになった方もいらっしゃるでしょう。

　戦後，多くの日本人がその価値を見逃し，プライス氏の個人的な審美眼で収集されてきた若冲が，2000年から日本で一大ブームを巻き起こしています。ジョー・プライス氏は2017年10月，その貢献が認められ，「金子堅太郎賞・特別賞」（日米協会）を受賞しました。

　地域の潜在的価値に気づく「目利き」の重要性は，美術品や工芸品だけにとどまらず，あらゆる分野で高まっています。

4　プレミアム地域創生に向かって舵を切れ

東京の稼ぐ力が落ちている

　みなさんは，東京都の稼ぐ力が相対的に下落しているのをご存知でしょうか。東京都の県内総生産（名目）の全国シェアは，2008年の18.9％から2013年の18.3％に下落しているのです。

東京都の人口は，2016年に11万8千人増加しました。分母の人口の増加率は他の道府県よりも高いので，東京都の1人当たり県民所得の水準は当然低下します。2012年から2013年にかけて，全国の1人当たり県民所得は2.8％増加したのに対して，東京都は1.0％の伸びにとどまりました。

　東京は，食では世界の都市のなかで圧倒的に優位に立っていますが，国際会議場，国際展示場，国際空港，5つ星ホテル，大型クルーズ船の埠頭やターミナルにおいては，他の世界都市に見劣りします。そのため，2014年に東京都で開催された国際会議件数は90件で，世界の都市別ランキングは22位でした。シンガポール，北京，ソウル，香港，台北にも負けているのです（ICCA（International Congress and Convention Association：国際会議協会）調べ）。2015年の東京の世界ランキングは，28位にまで下落しました。

　東京都の人口増加は，東京都の県内総生産はもとより，日本の付加価値であるGDPの増加に結びついていないのです。この問題については，さらに深く分析する必要があると思われますが，おそらく，東京都の有効求人倍率の高さからみて，東京都内では富裕層向けのプレミアムなビジネスよりも，保育，介護，飲食，宿泊，運輸などの低賃金の職種が増加しているためと考えられます。

東京は世界19位にランクダウンか？

　近年世界ランキングが低下しているのは，東京大学だけではありません。A.T.カーニーの「2016年度グローバル都市調査」では，東京は，ロンドン，ニューヨーク，パリに次ぐ世界4位でした。しかし，2024年を予測した「グローバル都市展望」では，なんと19位にまで下落するとされています。おそらく，東京の経済力，イノベーション力の低下に起因していると思われます。

　上位16位までは，サンフランシスコ，ニューヨーク，ボストン，ヒューストン，アトランタなどのアメリカの都市とロンドン，ストックホルム，アムステルダム，チューリッヒ，ミュンヘンなどのヨーロッパの都市で占められています。

Japan as No.51

主要な世界ランキングにおいて日本の順位が低いのは，男女平等を指数化した「ジェンダー・ギャップ指数」（世界経済フォーラム「グローバル・ジェンダー・ギャップ指数」2016年版）の111位と「報道の自由度」（国境なき記者団「報道の自由度ランキング」2017年度）の72位でしょうか。その次が，世界幸福度（国連，2016年）の51位かもしれません。

世界幸福度ランキングには，1人当たりGDPだけでなく国民の自由度や社会福祉の指標も含まれています。世界1位はノルウェー，2位デンマーク，3位アイスランド，4位スイス，5位フィンランドで，ヨーロッパの小国が上位に並んでいます。

日本の1人当たりGDPは世界18位

幸福度に影響を与えるのはお金だけではない，と言われます。ですが，OECDに加盟している35ヵ国でみると，2015年の1人当たりGDPは，ノルウェーが3位，デンマークが11位，アイスランドが2位，スイスが4位，フィンランドが16位で，いずれも日本（18位）よりも上位に位置しています（日本生産性本部「労働生産性の国際比較　2016年版」，購買力平価換算USドル比較）。

日本の1人当たりGDPは3万7,372ドルで，世界幸福度1位のノルウェー（6万2,155ドル）の6割にすぎません。2013年の日本の貧困率の高さはOECDの平均を上回り，その順位は25位。ノルウェーは4位です。TSAという国際基準で計算したノルウェーの観光雇用の比率は6.8％（2005年）で，日本の2.8％（2007年）を大きく上回っています。豊かな国では余暇活動がビジネスとなるのです。

日本生産性本部によると，日本の1人当たりGDPは，1975年の20位から1993年の6位にまで上昇しました。その後，1997年の11位から1998年に17位に急落し，2008年，2009年には，1975年と同じ20位まで下落しています。

2015年は18位ですから，リーマンショックのあった2009年をボトムとして上昇に転じたとみることもできます。しかし，17位のフランス（3万9,813ドル），

16位のフィンランド（4万990ドル）とは，2,441ドルから3,618ドルの差があります。IMFの推計では，2016年のGDPの成長率はフランスが1.33％で，日本は0.51％でした。

　日本の人口（分母）は減少していますし，さらに，2017年度から10年以上かけて行われるGDP統計の見直しで日本のGDPは増加する，という見方が一般的ですが，日本の低い成長率からみて，急激な円高にならない限り，10位内に返り咲くことは難しそうです。

労働生産性は22位

　就業者数を分母，GDPを分子にした労働生産性でみても，ノルウェーは4位，スイスは5位，デンマークは11位で，22位の日本よりも上位に位置しています。フランスの1人当たりGDPは18位ですが，労働生産性では7位です。

　労働生産性では，1990年の15位が日本のピークでした。2013年，2014年に，23位にまで下落しています。2015年のアメリカの労働生産性は3位です。

業務効率化は問題の本質ではない

　日本生産性本部の報告書に，興味深い指摘が記載されていました。

> 　米国コロンビア大学ビジネススクールのヒュー・パトリック教授は，こうした日米間の生産性格差について，日米で働き方にそれほどの差はみられず，生産性格差も実態としては数字ほどは大きくない。しかし，両国企業の価格戦略の違いが生産性にも影響しているのではないかと指摘している。小売業や飲食，製造業などを中心に日本企業は，1990年代からのデフレに対応して業務効率化をすすめ，利益を削ってでも低価格化を実現することで競争力強化につなげてきたところがある。そうすると，生産性向上を進めることで付加価値を拡大させてきた米国企業とは，労働生産性でも差が生じることになるということである（日本生産性本部「労働生産性の国際比較2016年版」p.5）。

日本では今,「働き方改革」が話題になっています。確かに,日本企業は欧米の企業よりも残業が多く,IT化も遅れており,稟議書や書類,会議が多く,世界的にみても特殊な押印の文化が残っており,業務効率化の余地が残されています。

しかし,生産性を高めるとされている業務の効率化,コスト削減は,パトリック教授の言うように,価格の引き下げや付加価値の削減をもたらすことになると,生産性の向上にはつながりません。

日本のように同質化した過当競争が起こりやすい国では,コスト削減は価格の低下に直結します。そのため,付加価値を増加させ,利益,配当金,法人税や賃金として分配することが難しくなるのです。付加価値の向上に結びつかない業務効率化や働き方改革では意味がありません。

稼ぐ力にもとづく豊かな地域の形成

地域創生の目標は,地域の経済的自立です。地方交付税や地方創生の補助金に依存しない地域へと移行することです。実現困難な人口目標を設定することではありません。プレミアム商品券に依存しない地域へ転換することです。

そのためには,新しい観点から地域の宝を再発見し,磨きをかけ,高い付加価値を生み出す商品やサービスに仕立てる必要があります。

スイス在住の「観光カリスマ」山田圭一郎氏は,プロダクトアウトの地産地消ではなく,マーケットインの「地消地産」にすべきだと主張しています。私は「逆6次産業化」(『地域創生のデザイン』を参照)と呼んでいますが,市場や顧客のニーズに応じた原材料の生産へと発想を反転しなければなりません。

地方消費税を引き上げよ

「地消地産」の地消は,地域の需要だけでなく国内外の観光客も含んでいます。この地消にインセンティブを与えるためには,橘木俊詔・浦川邦夫氏らが主張しているように,法人住民税と法人事業税を引き下げ,地方消費税を引き上げるという税制改革が有効です。

正直に申し上げると、地方では地方交付税や過疎地域、離島地域、半島地域に対する補助制度に依存し続けることの方が安心・確実で楽だ、という意識が根底にあるのでは、と感じることが少なくありません。一言でいえば、現状維持への執着、変化に対する躊躇です。

都市経済学者のジェイン・ジェイコブスは、中央政府による過剰な地方支援は、地方の中央政府依存体質、中央政府の権力強化と首都の肥大化をもたらす「衰退の取引」だと論じています。

「地方創生」最大の困難は、地方自治体、政府ともに、補助金に依拠した「地方創生」策から脱却できない点にあるのです。

地域を飛び出せ

地消地産をさらに拡大解釈するとすれば、それは、地消の地は地域ではなく地球だということです。重要なのは、地球上における顧客やファンの発見、開拓です。プレミアムな商品やサービスは、必然的に無国籍となります。無国籍というのは、顧客は地域住民や国民だけではなくなるという意味です。

年間８万トンのペースで減少している日本のコメ市場向けに新しいブランド米（特Ａ米）を開発・生産しても、プレミアム地域創生にはつながりません。世界のブランド米になれなければ、需要が減少し続ける国内市場という「レッドオーシャン」で、コメ農家や農村は消耗するばかりです。

プレミアムかつグローバルな地域ブランドの確立に成立すれば、地産のみにこだわる必要もなくなります。地場企業もさらなる発展のためには、地域を飛び出すべきです。小豆島の井上耕農園は、小豆島の農園を維持しつつスペインのアンダルシア州でオリーブの生産を行い、自社製のオリーブオイルに加工しています。

価格競争から価値競争へ

フェラーリのデザインを担当したこともある工業デザイナーの奥山清行氏は、日本が目指すべき方向性は、**価格競争ではなく価値競争**だと主張しています。

フェラーリの戦略は，需要よりも一台少なく作れ，だったそうです。生産予定の394台に対して10倍の申込みがあったケースでは，抽選ではなく，フェラーリ社がブランドにふさわしい所有者を選びました。それは，ブランド価値の維持とともに，投機目的での購入者の排除が目的だったからです。

　スイスの高級時計「タグ・ホイヤー」の戦略は，「価値が価格の２倍である」（『日本経済新聞』2016年1月25日朝刊）です。「価値が価格の２倍」という表現は，まさにプレミアムの本質を言いえて妙だと思います。

　元ゴールドマン・サックスのアナリストで，今は小西美術工藝社の社長であるデービッド・アトキンソン氏は，日本の文化財の入場料の大幅な引き上げとサービスの高級化を求めています。無料や低額の入場料は，「しょせんこの程度か」という入場者の低い満足度に対する言い訳になります。「無料なのだから，100円の入場料なのだから，文句は言うな」という。

　価格を引き上げると，求められる顧客満足度のハードルも自動的に高まります。プレミアムな領域では，顧客や第三者の厳しい評価が待ち受けています。それらの評価に真正面から向き合い，高い付加価値を持続的に生み出せるようになったときに初めて，「地域の稼ぐ力」も高まるのです。

▶▶▶参考文献

磯山友幸［2006］『ブランド王国　スイスの秘密』日経BP。
梅原淳［2017］「新幹線の『グランクラス』は儲かっているのか」『東洋経済ONLINE』2017年３月14日。
遠藤功［2007］『プレミアム戦略』東洋経済新報社。
奥山清行［2007］『伝統の逆襲　日本の技が世界ブランドになる日』祥伝社。
岸博幸［2015］「『地方創生』とは横並びプレミアム商品券のことではない」『DIAMOND ONLINE』2015年８月７日。
橘木俊詔・浦川邦夫［2012］『日本の地域間格差』日本評論社。
デービッド・アトキンソン［2016］『新・所得倍増論』東洋経済新報社。
永井孝尚［2016］「日本一地味な村，阿智村に人が殺到するワケ　長野県の温泉地は

こうして蘇った！」『東洋経済ONLINE』2016年4月19日。
ルイ・ベルジュロン［2017］『フランスのラグジュアリー産業―ロマネ・コンティからヴィトンまで―』分眞堂。
山﨑朗［2017］「北海道の憂鬱と開花を待つプレミアム価値」『開発こうほう』2017年1月号。
山﨑朗［2017］「無用・不要・無料の付加価値化」『日経研月報』Vol.472。

第2章 地域創生につながるプレミアム・マーケティング
——地方における中小企業の挑戦

　熾烈な低価格競争が繰り広げられる一方で，数多くのプレミアム商品がヒットしています。

　プレミアム商品において規模の経済による低コスト化を重視する必要はありません。よって，とりわけ中小企業において取り組む価値の高い商品といえます。さらに，地方に所在する企業では地元の新鮮な素材や地域に伝承する技術を活用し，プレミアム商品を有利に展開できる場合も少なくはありません。例えば，富山県に所在する瀬尾製作所は，プレミアムな雨樋を国内にとどまらず海外市場に向けても販売しています。

　また，地方に所在する中小企業と連携し，限定した店舗でプレミアムPB（Private Brand：流通業者が企画する独自のブランド）を展開するイオンのような大手流通業者も現れています。

　地方に所在する中小企業の成功が，その地方の創生に大きく貢献することは間違いありません。

1　こだわり消費の拡大
―プレミアム・マーケティングの重要性

激化する低価格競争

　アベノミクスにより株価こそある程度のレベルにまで回復していますが，デフレ基調に改善の兆しは見受けられません。こうした状況において，多くの企業は低価格を重視した戦略を展開しています。例えば，これまで高い利便性の提供により価格競争を回避してきたコンビニエンスストアにおいてすら，業界トップのセブン-イレブンに追随し，ローソンやファミリーマートも5％程度の値引きを実施しています（『日本経済新聞』2017年4月28日）。

もちろん，低価格競争は消費者にとってはありがたい話ですが，企業において適正な利益の確保を困難とするレベルの低価格化は，雇用をはじめ社会に大きな負の影響をもたらすことになります。

消費者は低価格のみを求めているのか？

　深刻なデフレ状態と聞くと，すべての消費者がすべての商品に対して低価格を強く求めていると捉えてしまいがちですが，そうなのでしょうか？　例えば，第3のビールが勢力を拡大させているビール市場において，通常のビールよりも高価格であるサントリーのザ・プレミアム・モルツやサッポロのヱビスビールは好調な販売を維持しています。また，トヨタが展開する高級自動車ブランドであるレクサスも順調にビジネスを拡大させています。こうした高価格であるにもかかわらず，順調な販売を維持するプレミアム商品の存在をどのように理解すればよいのでしょうか？

こだわり消費の拡大

　バブル経済が崩壊した頃でしょうか？　ずいぶん昔になりますが，ベンツで100円均一ショップに買い物に行く消費者が話題になったことがありました。なぜなら，ベンツに乗っているのはお金持ちの富裕層であり，そうした人々はデパートなど高級な店舗で買い物することが一般的であり，庶民の買い物の場である100円均一ショップにベンツで行くということが当時の人々には矛盾する行動に思えたからです。

　しかしながら，ベンツで100円均一ショップに行く消費者という光景は今や何ら珍しいことではありません。それどころか，**自分が高い関心を寄せているものには高価格を許容する**，いわゆるこだわり消費と関心の低いものには財布のひもを締めるという消費の2極化が顕著になってきています。例えば，経済産業省が実施した調査における，「自分のこだわりがあるものなら価格が多少高くても購入しますか？」という質問に対して，全体の約8割程度が「あてはまる」もしくは「ややあてはまる」と回答しています（経済産業省，2006年）。

年収に注目すると、1,600万円以上の高所得者において85％と極めて高いのは当然のことかもしれませんが、400万円以下でも75％となっており、こうした意識は幅広い年収層の消費者に広まっていることがわかります。また、商品購入における重視する要素に関する質問では、「品質の良さ」（90％）「機能性の高さ」（85％）「デザインの良さ」（80％）という商品に直接的に関係する項目がトップ3となっています。一方、ブランドに関わる項目であると思われる「作っている企業が有名であること」は35％程度であり、一般に言われているほど重要度は高くありません。さらに、商品ごとの購入に対するこだわりについて、「こだわる」もしくは「ややこだわる」と回答した割合は、電化製品では70％、衣類、車・バイク、インテリア製品、時計・高級文具では60％前後となっており、強いこだわり傾向がうかがえます。一方、一般には関心の高い商品群とは言い難い日用雑貨についても3割以上の消費者がこだわる傾向にあることは興味深いポイントです。

プレミアム・マーケティングの重要性

こうしたデータを見ると、**こだわり消費に関して「一部の富裕層にのみ見られる傾向ではない」「ブランドよりも商品に直接的に関係する項目が重要」「幅広い商品群が対象」といった特徴がある**ことがわかります。つまり、**幅広い消費者を対象に、大手企業に限定されず、どのような商品を扱う企業においてもプレミアム商品を展開するチャンスがある**ということです。よって、そのためのマーケティング活動となるプレミアム・マーケティングは多くの企業にとって価値ある取組みとなるはずです（大﨑［2010］）。

2　地方に所在する中小企業のプレミアム商品
　　　―明宝特産物加工のケース

大手企業とプレミアム商品のミスマッチ

一般に企業間競争において市場に近いことは営業や物流などを中心に有利に

事が運びます。よって，多くの大企業が大きな市場である東京をはじめとする大都市に立地しているわけです。こうした大都市に立地する大手企業のなかから多くのプレミアム商品が市場に投入されています。例えば，2009年に発売されたデザイン・リサーチという雑誌では「プレミアム商品の美学」という特集が組まれ，お茶，コーヒー，お菓子，日本酒，ティッシュペーパーなど，名だたる大手メーカーのプレミアム商品が紹介されていました。しかしながら，多くの商品はすでに市場から消えています。もちろん，そもそも企業PRのようなプロモーション効果を狙った限定販売の場合も少なくはなかったでしょう。しかしながら，先に紹介したザ・プレミアム・モルツやレクサスといった成功事例はあるものの，プレミアム商品と大手企業の相性は必ずしもよいとは言えないかもしれません。なぜなら，大手企業の主たるターゲットは多くの商品を販売することができるマスマーケットだからです。大きなマスマーケットにはさまざまな消費者が存在しているため，個性的な商品を投入することは得策ではありません。なぜなら，そうした商品は一部の消費者からは強い支持を得られるでしょうが，逆に他の消費者からは大きな不評を得ることになってしまう場合が少なくはないからです。よって，**多くの消費者が「文句を言わない」，「そこそこ満足してくれる」商品を提供するということが大手企業のマーケティングの特徴**と言えます。しかしながら，こうした商品に喜んで高価格を支払う消費者が存在しないことは明白です。

地方の中小企業こそプレミアム商品！

　プレミアム商品の成功の条件には品質やデザインなど，さまざまな要素が考えられますが，少なくとも市場に普通に存在している他の商品とは明確に異なる差のある商品，つまり個性的で尖った商品でなければなりません。こうした商品の場合，通常，対象となる市場は小さくなりますが，競合商品も少ないため高価格での販売が可能となるわけです。このようなビジネスは大手企業よりも中小企業において有利に展開できる可能性があります。なぜなら，規模では大手に勝てないため，小回りを重視したビジネスを志向している場合が多く，

また尖った商品の市場投入は大きなリスクを伴うため決断が難しいものの，**オーナー社長である場合が多い中小企業ならスピーディーな決断ができる**からです。

さらに，地方に所在する中小企業においては，地元の新鮮な素材や地域に伝承する技術，強固な人的ネットワークなどの活用により，一段と有利にプレミアム商品を展開できる可能性があります。以下，プレミアム商品で成功を収める地方に所在する中小企業の事例を見ていきましょう。

岐阜県郡上市：明宝特産物加工

第三セクターは官と民の協力により設立されており，「鬼に金棒」というイメージでさまざまなことが有利に運ぶように思いがちですが，総務省の調査（2017）によると，2016年における第三セクター数は6,615法人と，前年度より約50法人減少しています。また，経営状況を見ても赤字の法人が34％を占めており，深刻な状況といえます。こうした状況において，岐阜県郡上市に所在する第三セクターである明宝特産物加工は高級ハムを主力商品として，継続的に利益をあげています。

明宝特産物加工とは？

市が10％の株を持つ第三セクターである明宝特産物加工は，岐阜県山間部の郡上市に所在する食品メーカーです。1988年設立以降，現在まで概ね右肩上がりの成長を遂げてきています。資本金は3,000万円，従業員数は77名です。主力商品である明宝ハムの年間出荷量は120万本，ソーセージは40万本であり，2015年度の売上げは約14億円となっています。

明宝ハムは昔ながらの製法により作られています。良質な国産の豚のもも肉だけを原料とし，保存料，着色料，酸化防止剤，増量剤は使用していません。本社および工場は緑豊かな場所に立地しています。筆者が訪問した際も，工場では生産に携わるスタッフ60名が丁寧に作っていました。例えば，最も手間がかかる工程である肉の解体作業では，細かい筋を1本1本，取り除いていまし

た。こうしたスタッフはすべて地元出身者であり，さらには結婚のため転居した1名を除き，全員が市内から通っています。このような強い地元志向により，スタッフの間に家庭のような一体感が生まれ，真摯な姿勢でのモノづくりを実現しています。

明宝ハムの価格

　価格は，自社のインターネットショップでは税込1,134円（360g）となっており，大手メーカーの量産ハムと比較するとかなりの高価格となっています。しかし，先に述べた通り，国産豚肉を原料とし手作業の工程が多いことを考慮すると，低価格での販売は極めて難しい状況です。もちろん，**大企業と比較し，規模の経済に劣る中小企業が低価格を志向しても難しい場合が多いことでしょう。**

明宝ハムの販売エリア

　販売エリアは関東から福岡あたりにまでおよぶものの，主たる市場は岐阜や愛知を中心とする東海圏となっています。営業スタッフはわずか7名で，ルート営業5名，展示会要員2名となっており，ルート営業は東海圏を中心に回っています。三越や高島屋といった百貨店，イオン，イトーヨーカドー，バローといった大型スーパーに加え，精肉店や道の駅などでも商品を販売しています。**新商品を次々に市場へ投入するような戦略を採用していないため，対面営業をしなくても電話やメールで円滑に営業業務が進む**ことも多い状況です。ハムといえば，お歳暮などのギフトを連想する人も多いでしょうが，実際には売上げの3〜4割を占める程度です。

百貨店での催事

　百貨店などの催事を担当する展示会要員に関しては，社員ではなく現地でアルバイトのマネキン（売り子）を雇えばいいとの考えもあるかもしれませんが，こうした場は単なる販売の場ではなく，消費者の生の声が聴ける貴重なマーケ

ティング・リサーチの場でもあります。そのため，明宝特産物加工では社員を派遣して消費者の声を少しでも多く収集し，開発部隊などを中心とした部署にフィードバックすることを重要視しています。例えば，今年発売された新商品「ほんわかハム」は，展示会に来ていた高齢の消費者の要望を踏まえ，軟らかく小さいサイズとなっています。

今後の販売目標に関しては，手作業が多いこともあり生産量を急には拡大できないため，現在の販売量が適正な規模のようです。**急激な拡大ではなく，ニーズに合わせて徐々に増加させていければよいということが基本方針**となっています。

市場および地元からの強いニーズ

明宝特産物加工は1953年，当時の奥明方農協加工所の小さな1室からその歴史が始まっています。農協が農山村の食生活改善運動と村の畜産振興を目的として，ハムの製造を開始したのです。しかし，当時は農家がハムを購入することは贅沢だと受け止められ，また大手メーカーにも歯が立たず，低迷が続きました。

その後，1980年に転機が訪れます。"明るい農村"（NHK）で「農民ハム18万本」として取り上げられたのです。また，自然食ブームが起こり，大量生産される大手メーカーの商品に対して，着色料，防腐剤，酸化防止剤を使わず良質な豚肉を原料に「手作り作業で100％豚肉」という点が消費者から高く評価されました。その結果，生産量は同年に10万本，1983年19万本，1987年には約38万本と成長を遂げました。

ところが，農協は従業員確保のために工場を隣接する村に移すことを決定します。ハムの生産は地元の村において村おこしの重要な特産品となっており，雇用の場を守るという意味においても，村は農協の判断に従うことはできず，新しく村主導で会社をつくることを決断しました。こうして1988年，村内の7つの地区の各消費組合・商工会・森林組合・畜産組合・村が出資して，村民総参加による第三セクターのハム製造販売会社として明宝特産物加工が設立され

ました。

　つまり，まったく新規に立ち上げられたのではなく，すでにある程度うまくいっていたビジネスをベースとして，市場から求められ，また村からも強く求められての設立となっているわけです。ちなみに，農協サイドのほうもハムの製造（明方ハム）を継続し，現在，郡上には明宝ハムと明方ハムという2つのブランドが存在し，切磋琢磨している状況です。

利益を追求する組織体制

　明宝特産物加工の設立時，社長はもともと旅館の経営者だった村長が兼務しました。一方，社長の強い意向により，専務には実業界で活躍されていた人を招くなど，行政からは1人も採用しませんでした。行政出身者が加わると，金を稼ぐというよりも予算を消化する（金を使う）という発想が先に来るなど，さまざまな甘えのようなものが生まれる可能性があり，そうしたことをすべて排除するという狙いがあったようです。つまり，見た目はいわゆる第三セクターではあるものの，一般の企業のように成果を追い求める組織になっており，これが大きな成功要因の1つとなっています。

　また，村の雇用を守るという重要な役割を担う明宝ハムは地元でも愛され，この地方では引き出物にハムを贈ることが慣習となっています。明宝特産物加工は，現在でも村の産業の育成，雇用の確保に大きく貢献し，過疎化への歯止めにもなっています。

3　海外市場に挑むプレミアム商品の可能性
　　―瀬尾製作所のケース

富山県高岡市：瀬尾製作所

　高岡は高岡銅器に代表されるように古くから金属加工が盛んな土地であり，この高岡市に1935年に設立され，現在，戸出工業団地に立地する金属加工メーカーが瀬尾製作所です。ちなみに戸出工業団地には錫100％の「曲がるKAGO」

で注目を集める能作の本社も立地しています。瀬尾製作所の従業員数は20名，長年にわたり銅器の部材，茶道具，仏具，建材などを扱ってきました。多くの中小企業同様に，主として部品もしくはOEMとして完成品を生産し，他のメーカーに対して販売するビジネスを長きにわたり続けてきました。

しかしながら，瀬尾製作所を取り巻く環境は他の多くの企業がそうであるように，人口減少やライフスタイルの変化の影響を受け，茶道具や仏具などの国内市場は縮小し，品質は劣るものの類似する部品や商品がアジアを中心とする海外メーカーから輸入され，結果，顧客となるメーカーから厳しい価格要求を突きつけられるような状況にありました。しかしながら，こうした厳しい状況のなか，瀬尾製作所は新たな市場開拓および多角化に精力的に取り組んでいます。

雨樋の海外販売

瀬尾製作所の新たな取組みの中から，まず雨樋（あまどい）の海外販売に注目してみます。雨樋は奈良時代にはすでに誕生しており，以後，長きにわたり日本各地で使用されてきました。瀬尾製作所では大手ハウスメーカーを中心にOEM供給を行ってきたものの，住宅様式の変化に伴い大手メーカーの住宅モデルから雨樋は外されるようになり，売上は低下傾向になっていました。

そうしたなか，突然，オーストラリアから雨樋に関する問合わせがありました。当時，自社のサイトにおいて英語の記述等は一切なかったものの，写真を見て英語で問い合わせてきたわけです。こうしたことを契機に，「海外市場に商機があるのではないか？」と考え始め，2010年頃より本格的に海外市場への販売をスタートさせました。具体的には，英語のサイト（http://rainchainsjp.com/）をつくり，海外市場を意識したデザインの商品を開発しました。現在では欧米やアジアを中心に世界中から注文を受けています。例えば，台湾の建築家が日本が統治していた時代に建てた建物のリノベーションのために購入したり，韓国では日本風の住宅が流行しており，雨樋も売れているようです。また，アメリカでは進駐軍が雨樋を持ち帰り，その後，徐々に広まり，現在では

日本の10〜20倍程度の市場規模になっています。こうしたアメリカ市場ではインド産などの安価な雨樋が数多く流通しているものの、こだわりを持つユーザーからの注文は少なくないようです。

　日本と海外市場の相違に注目すると、国内からは工務店をはじめプロユーザーからの注文が8割、一般消費者からは2割であるのに対して、DIYが盛んなアメリカを中心とする欧米からの注文は一般消費者の割合が日本よりもかなり高い状況です。海外市場における消費者の商品へのニーズに関しては、装飾を凝らした、いかにも日本的といった感じのデザインよりも、シンプルなデザインの商品が人気となっています。筆者が訪問した2016年の瀬尾製作所における雨樋の売上比率は、国内：海外＝5：1と海外の売り上げが存在感を高めていました。こうした雨樋の売上は全社の売上の3割を占めるまでに成長してきています。

Sotto：そっと暮らしに寄り沿うデザイン仏具

　瀬尾製作所は新たな取組みとしてデザイン仏具ブランドSotto（ソット）にも着手しています。Sottoは変化する現代の住宅環境において、和室にも洋室にも違和感なく溶け込む新感覚の仏具となっています。例えば、2015年のグッドデザイン賞を獲得したPotterin（ポタリン）は、仏具の基本的な組合わせである三具足（火立、香炉、花立）に、おりんとりん棒を加えたコンパクトなオールインワン仏具となっています。

　Sottoの立ち上げまでの経緯は以下の通りです。

　瀬尾製作所において、**新規事業への着手に際して重要視したことは「新たな商品を開発して新市場をつくる」**ということでした。よって、まったく白紙からの商品開発となったわけです。もともと仏具に関わる商品を開発する意向はなかったものの、さまざまな検討を踏まえ、おりんを開発することに決定します。もちろん、単なるおりんではなく、新規性のあるデザイン性の高いおりんの開発を目指していました。しかしながら、こうした発想をさらに発展させ、「現在の住宅環境においては仏間がない」「さらには和室すらない場合も多い」

といった状況を踏まえ，「現状の仏壇は一般消費者ニーズに合致していないのではないか？」「現代のライフスタイルに適合した供養のやり方というものがあるのではないか？」「都会のインテリアに囲まれても違和感のない仏具とは？」といった問題意識のもと，Sottoを立ち上げることになったのです。実際の商品開発においては，富山県総合デザインセンターからの協力を得て，フラップデザインスタジオにデザインを依頼しました。こうして2010年に立ち上げられたSottoは，じわじわと市場に浸透し始め，売上も拡大傾向にある状況です。

4　地域創生につながるプレミアムPB

高付加価値を訴求する流通業者

　これまで地方に所在する中小メーカーの取組みを中心に見てきました。こうしたメーカーにおいて，本格的に消費者に直販する流通体制を構築できるケースは極めて少なく（大手メーカーにおいてさえ困難でしょうが），通常は卸売業者や小売業者といった流通業者を経由した消費者への販売が一般的です。よって，中小メーカーがどれほど高付加価値のプレミアム商品を開発しようとも，流通業者が販売の量のみを重視し，より低価格な商品の仕入れに固執していてはプレミアム商品が消費者の目に触れることはありません。しかし現実には，流通業者の中にも，こだわり消費の浸透といった社会の変化に対応し，低価格の訴求ではなく，高付加価値の訴求による差別化に注力している企業が現れてきています。

中川政七商店

　最近話題の中川政七商店は，高付加価値の訴求により低価格競争を回避している好例と言えるでしょう。1716年に奈良県で創業した中川政七商店は，創業以来，手績み手織りの麻織物を扱ってきており，近年では工芸をベースにしたSPA（Specialty Store Retailer of Private Label Apparel：製造小売業態）を

確立し，全国に直営店を展開しています（中川政七商店ホームページ）。低価格競争とは一線を画し，ものがあふれ，利便性だけでなく商品背景（思想，ストーリー，環境）が問われる時代において，利便性を備えかつ古来より培ってきた日本人の感性にあうものが取り扱われています。社長の著書にも記載されているように，小売商さらにはコンサルタントの立場から，「日本の工芸を元気にする！」ことに全力で取り組んでいます（中川［2017］）。

セレクトショップ

　こだわり抜いて仕入れた商品を丁寧に販売することにより，低価格競争とは一線を画す，いわゆるセレクトショップという業態があります。低価格に注目が集まる一方，多くの消費者から強い支持を得ているセレクトショップが皆さんの生活圏にもあるのではないでしょうか。例えば，インターネットの世界においては，伊勢丹のカリスマバイヤーであった藤巻幸大氏が立ち上げた藤巻百貨店などが有名です。

　セレクトショップというと，シップス，ビームス，ユナイテッドアローズといった大手アパレルショップを思い浮かべる人が多いことでしょう。大辞泉によるとセレクトショップとは，「衣類・家具・雑貨などの商品を，店主の好みや個性によって選んで品揃えし，生活様式や暮らし方を全体的に提案する店」と定義されています。よくよく考えると，こうしたことは本来ならすべての小売店が基本的機能として保有すべき要素であるはずです。しかし，わざわざセレクトショップという言葉が出てくるということは，多くの小売店においてはマーチャンダイジングに注力することなく，卸の意向に従う，ヒットしている商品を集めることに終始するといった点にのみ注力するケースが目立っているからだと思われます。

　また，アマゾンに代表されるようにネットの大手小売りサイトは，「とりあえず売れそうな商品はすべて揃える」という勢いです。こうしたビジネスモデルの行きつく先は，低価格となるのがお決まりのパターンでしょう。

常滑焼のセレクトショップ：morrina

　愛知県常滑市は，中部国際空港（セントレア）があり，古くから焼き物で有名な街です。現在LIXILの陶器ブランドとなっているINAXも，常滑が創業の地です。この街の観光スポットに，焼き物散歩道があります。土管坂，登り窯など，昭和にタイムスリップするような体験ができる人気の観光地となっています。焼き物散歩道には，常滑焼を扱うお店も点在しています。一人の陶芸作家の商品のみを扱う店から，数多くの商品を扱う店までさまざまです。

　筆者がたまたま立ち寄って話を聞いたmorrina（モリーナ）では，店主が信頼し，納得できる商品を作れる地元の作家の商品のみを販売していました。まさに，常滑焼のセレクトショップというわけです。作家の陶器と聞くと敷居が高そうですが，取り扱う商品の価格帯は2,000円程度の湯のみやコップから，1万円程度の急須などが中心となっており，一般の消費者でも十分に手の届く価格帯です。

　しかし，今は100円均一ショップに行けば陶器のコップも買える時代ですから，同じ用途的価値でありながら，2,000円のコップは20倍の値段がする商品と捉えることもできます。

morrinaのマーケティング

　では，この大きな差を埋めるにはどうすればよいのでしょうか。例えば，お店の雰囲気はもちろん重要でしょう。morrinaは明治時代の木造の土管工場が綺麗にリフォームされ，古民家のような佇まいです。もちろん，産地に所在しているという立地条件もプラスに働きます。さらに，陶器を扱う家系で育った店主に加え，陶芸に関する知識が豊富なスタッフによる丁寧な接客は，やはり説得力が違います。また，**作家との人間関係によりmorrina専用品がつくられており，ほかでは買えない**ということも大切なポイントと言えるでしょう。

　もちろん，課題もあるようです。店主は自らが惚れ込んだ商品の価値をどう消費者に伝えていくべきかという難問に試行錯誤の日々のようです。陶器をつくった作家について，以前は受賞歴などを紹介していたものの，最近は作家の

メッセージなど，人間性が伝わるようなものに変更しています。

また，2階のスペースを利用して展示会を開催するなど，作家と消費者が交流できる場も構築しています。**作家の創作にかける熱い思いや苦労は機械によって大量生産された商品との大きな価格差に対する消費者の認知を緩和させる**ことでしょう。逆に，作家においても消費者との交流は今後の創作に有益に作用するはずです。

ほかにも，「morrinaの器と暮らしのお話」という新聞を発行しています。記事の中身は，チラシのように自店で販売している商品の紹介ではなく，「常滑焼とは？」「焼き物とは？」「器とは？」など，器に関する知識を掘り下げる特集が組まれています。つまり，自社商品の土壌となる器や焼き物の価値を向上させようと取り組んでいるわけです。

一人ひとりの仕入先（作家）や消費者を大切にし，一点一点の商品を丁寧に仕入・販売していくことは本来，小売商なら当然の役割のはずです。低価格のみが強く訴求される現代だからこそ，こうした当たり前の取組みを徹底することは大手企業への数少ない有効な対抗策となるかもしれません。

プレミアムPB

イオンやイトーヨーカ堂といった大手流通業者の場合，薄利多売のビジネスというイメージが頭に浮かんできます。例えば，PBはもともとはNB（National Brand：メーカーが企画する一般的な商品）より低価格な流通業者のオリジナル商品という位置づけでしたが，近年，NBよりも高価格なプレミアムPBが市場に投入されています。

PBとは？

PBは小売業者が企画するため，自社専用の商品となるパターンが主流です。よって，素晴らしいPBができれば顧客の囲い込みに大きく貢献します。また，自社商品ですから卸売業者は介在しないため，中間マージンが発生しません。さらに，広告宣伝なども抑えられる場合が多く，NBよりも低価格に設定して

もNB以上の利益率となります。このように，PBは小売業者にとって極めて重要な商品です。

　また，開発・製造を引き受けるメーカーにとっても，PBは引き取りが確約された大規模な注文である場合が多く，メリットがあります。自社のNB商品とのカニバリゼーション（共食い）に関しては，PBは徹底した低価格志向のもと，原料や製法などにおいて見劣りする場合も多いため，少し前までは大きな問題になっていませんでした。しかしながら，近年，勢いを増すイオンやセブン-イレブンを筆頭にPBの品質は大きな改善をみせ，NBに対する競合商品になってきています。

　こうした通常のPBの品質が向上してきていることに加え，NBと同等もしくは高価格で販売されるプレミアムPBも誕生してきています。代表的なプレミアムPBとしては，イオンのトップバリュ・セレクトや金の食パンに代表されるセブン-イレブンのセブン・ゴールドがあり，ともに多くの消費者から高い評価を得ています。

トップバリュの実態

　こうしたプレミアムPBの実態を確認すべく，幕張メッセで開催されたトップバリュ展示会に参加させていただいたことがあります。そこで担当者から「トップバリュ商品の開発はトップバリュ株式会社が担当しており，実際にこうした商品を店頭に置くか否かは一部の基本ラインを除き，各店舗の裁量によります」との話を聞きました。つまり，**同じグループ内でも，開発された商品が自動的に店頭に並ぶといった甘えは排除される仕組み**になっているわけです。よって，トップバリュ展示会は商品を開発したトップバリュ株式会社が，採用を決定する各店舗の代表者に向けて実施しているのです。

　しかしながら，代表者は単に店長およびバイヤーという限られた担当者ではなく，各店舗で働くパート従業員も含まれています。こうしたパート従業員は各店舗が所在する地域に暮らす主婦である場合が多く，顧客のニーズを反映した商品の選択や評価が行われることになります。

さらに，既存のトップバリュ商品に対する意見集約にとどまらず，例えば，「真崎のわかめ」のようにパート従業員から地元の名産品に関する情報を収集し，トップバリュ・セレクトとして商品化されるケースも出てきているようです。

　また，トップバリュ展示会は商品に関する情報収集という範疇を超え，自らの意見が商品に反映されることにより，パート従業員のイオンへの帰属意識や日ごろの業務へのモチベーションも大きく高めることでしょう。

プレミアムPBのマーケティング・リサーチ

　トップバリュの商品づくりにおける重要なポイントは，消費者の声を生かす取組みに表れています。まず発売前に，味，機能，価格，容量等に関して消費者による評価が行われます。こうした調査で高く評価されたものが実際に発売され，さらに発売後にも，味，機能，価格，パッケージデザイン，容器の大きさや使い勝手等に関して消費者による評価が行われます。その後，課題に対する改善が行われ，リニューアル製品の発売というサイクルになっています。こうした消費者の評価から商品カルテが作成されます。ちなみに，調査に協力しているモニターの数は10万人にも及ぶようです。

　筆者はこれまで数多くの消費財メーカーにインタビューを行ってきましたが，実際にこれほどの規模でマーケティング・リサーチが実施されている例はあまり見受けられませんでした。そもそも小売業者は毎日，消費者と顔を合わせており，さらにこうしたリサーチの体制が構築されているとなると，消費者ニーズの把握という点において，他の多くの消費財メーカーを圧倒していることでしょう。

　また，開発や生産に関する技術力がないという弱みは愚直に消費者志向を貫くという強みに変化しているのかもしれません。逆に，技術力という強みがあるメーカーでは，自社のこだわりが消費者ニーズと離反するケースもあるでしょう。

トップバリュ・セレクトの実態

　さらに，トップバリュ・セレクトの中には地域限定の商品もあります。NBは一般に日本中の消費者を対象とします。そのために，まず日本に点在する大小さまざまな小売店に扱ってもらわなければなりません。こうした状況において，個性あふれる尖った商品の展開は難しく，誰も文句を言わない無難な商品づくりに陥りがちです。また，マス広告によるイメージアップも重要な課題となります。

　しかしながら，地域限定商品の場合は，特定の地域にあるイオンに来店する消費者を対象とした商品づくりが可能になります。また，プレミアム・ブランドであるトップバリュ・セレクトでは低価格を訴求する必要がないため，**中間マージンのカットや広告展開を行わないことにより削減したコストを，高品質の素材や手間のかかる製法などに転嫁することができます**。これまでのPBは削減したコストにより，売価を下げるという考え方でしたから，まさに逆転の発想と呼べるでしょう。

　一方，メーカーにおいても，こうしたプレミアムPBへの着手は，通常のPBへの着手と比べて企業イメージの向上となり，さらに自社では展開しにくい尖った商品への消費者の反応を確認しながら，NB商品の開発に生かすというマーケティング・リサーチの効果もあるようです。また，全国への供給を前提とした大量生産・低価格が強く志向された従来のPBを請け負うことは多くの中小企業にとって極めて困難な課題となりますが，**価格よりも価値が重要視されるプレミアムPBならば協働できるチャンスは大いにある**はずです。さらに，**地元の特産品の活用など，地方の中小企業に有利に働く要素は決して少なくない**でしょう。

プレミアム商品と地域創生

　低価格のみが強い支持を得ると思いがちなデフレ下において，高価格にも関わらず順調な販売を維持するプレミアム商品が大手企業に限定されず，数多くの地方の中小企業から誕生してきています。地元の素材や継承されてきた技術

などを活用し，地域密着で展開する企業もあれば海外までをも視野に入れたビジネスに取り組む企業まで存在しています。ビジネスの形態などはさまざまですが，各社とも**まず低価格ありきではなく，市場に存在しない高い付加価値を持つ商品に取り組んでいる**点は共通していると言えるでしょう。こだわり消費の浸透を受け，流通業者のなかにはこうした商品を積極的に扱うことに注力している企業も決して少なくはなく，これらの流通業者との連携により，大きな成功をつかむチャンスも広がってきています。**地方に所在する中小企業の成功がその地方の創生に大きく貢献する**ことは疑いようがありません。

▶▶▶参考文献

大﨑孝徳［2010］『プレミアムの法則』同文舘出版。
経済産業省［2006］「生活者の感性価値と価格プレミアムに関する意識調査」。
総務省［2017］「第三セクター等の状況に関する調査」2017年1月25日。
「特集　プレミアム商品の美学」『デザイン・リサーチ』Vol.5 ［2009.9.20］HK INTERNATIONAL VISION。
中川政七［2017］『日本の工芸を元気にする！』東洋経済新報社。
『日本経済新聞』2017年4月28日。

▶▶▶ホームページ

中川政七商店ホームページ：
　http://www.yu-nakagawa.co.jp/top/#　（2017年6月10日現在）

第3章 ななつ星に続け
——クルーズ列車とD&S列車による地域創生

　JR九州は，沿線の歴史や文化を車両に反映させたD&S（デザイン&ストーリー）列車を展開することで，地域との協働を深化させ，鉄道の旅の魅力を高めてきました。世界の注目を集めた「ななつ星in九州」は，その集大成ともいうべき列車です。ななつ星のすごさは，九州という地方からプレミアムな列車の旅のマーケットを創造したことにあります。

　さらにななつ星は，九州各地のブランドが輝く舞台となっており，沿線住民のシビックプライドを呼び覚ます存在にもなっています。

　ななつ星から始まった豪華クルーズ列車は，JR東日本，JR西日本などにも広がっています。

1　"車両の墓場"からの再起

ますます人気が高まる「ななつ星in九州」

　2013年10月15日，日本で初となる豪華クルーズトレイン「ななつ星in九州」が博多駅から出発しました。ななつ星は，これまでの日本における鉄道の旅にはまったくなかったプレミアムな旅行・観光需要に応える列車として国内外から注目を集めています。

　ななつ星のネーミングは，九州7県の魅力，九州の主な7つの観光素材（自然，食，温泉，歴史文化，パワースポット，人情，列車），7両編成の列車に由来しています。7両のうち5両が14室のスイートルームで，定員は最大でも30名です。残り2両のうち1両はピアノの生演奏が流れ夜はバーになるラウンジカー，もう1両は九州の食の魅力を堪能できるダイニングカーです。

　ななつ星は3泊4日のコースと1泊2日のコースがあり，いずれも博多駅を

図表 3-1 ななつ星in九州のコース

	3泊4日コース		1泊2日コース
1日目 (火曜日)	10：30頃〜　ウェルカムセレモニー 博多　11：20頃発 ↓（門司港経由） 柳ヶ浦　15：25頃着 　①宇佐神宮散策プラン 　②車内でティータイム 杵築　17：45頃発 ↓夕食（車内）	1日目 (土曜日)	8：50頃〜　ウェルカムセレモニー 博多　10：00頃発 ↓ 有田　13：05頃着 　①名窯元訪問と町並み散策 　②車内でティータイム 佐世保　16：30頃発 ↓ 長崎　20：20頃着 　長崎夜景プラン（希望者のみ） 長崎　23：25頃発 ↓
2日目 (水曜日)	車中泊 ↓ 美々津　6：50頃着 　美々津まち歩きプラン（希望者のみ） 美々津　8：45頃発 ↓ 宮崎　9：45頃着 　①宮崎市内観光 　②車内でティータイム 南宮崎　12：05頃発 ↓ 隼人　14：20頃着 ↓専用バスまたはタクシーで移動 霧島温泉　旅館泊	2日目 (日曜日)	車中泊 ↓ 玉名　9：40頃着 　①山鹿散策プラン 　②車内滞在プラン 　（玉名〜八代〜玉名） 　↓昼食（山鹿または車内） 玉名　15：45頃発 ↓フェアウェルイベント 博多　17：30頃着
3日目 (木曜日)	天空の森（旅館）にて散策・ランチ ↓専用バスで移動 隼人　14：05頃発 ↓ 鹿児島中央　15：00頃着 　①仙巌園散策 　②沈壽官窯で絵付け体験 ↓夕食（仙巌園）		
4日目 (金曜日)	車中泊 鹿児島中央　6：05頃発 ↓肥薩線経由 昼食（車内） ↓フェアウェルイベント 博多　17：30頃着		

注1：平成29年7月九州北部豪雨による鉄道被害を受けてのルート変更後の2017年11月〜2018年2月出発コース。
注2：平成29年9月の台風18号による鉄道被害を受けて，3泊4日コースは再度のコース変更を行っている。
出所：クルーズトレインななつ星in九州ホームページより筆者作成。

出発して九州各地を周遊し博多駅に帰ってきます（図表3-1）。

ななつ星は1泊2日の最も安いコースでも1人15万5千円，3泊4日の最も高いコースでは56万6千円という料金設定でした。にもかかわらず，第1期（2013年10～12月）の予約申込は，期間中の設定客室数の累計112室に対し814件の申込があり，平均倍率は7倍を超えました。つまり，ななつ星は高い料金さえ払えば乗れる列車ではなく，予約を申し込んだうえで7倍を超える抽選倍率に勝ち抜かなければ乗れない列車なのです。

その人気は運行開始直後だけの一過性のものではありませんでした。2017年度の秋・冬コースの予約倍率は，平均で16倍，最高倍率は166倍と，第1期をはるかにしのぐ予約倍率となったのです。しかも料金の値上げ（2017年秋・冬出発分は最安で30万円，最高で95万円）も行われていますから，価格を上回る価値を実現していることがわかります。

後方車両

写真 3-1
ななつ星in九州
出所：JR九州。

ななつ星の人気を受けて，JR東日本では「四季島」，JR西日本では「瑞風」という豪華クルーズトレインの運行を2017年から始めました。四季島は北海道にも乗り入れており，函館やニセコ，登別といった北海道でも人気の観光地を訪ねる旅を提供しています。人気の高い観光地である北海道を組み込むことで旅行商品の価値を高めることが可能になっただけでなく，北海道の観光地にとっては四季島を活用した観光地のプレミアム化によって，地域創生の新たなステージへの展開につながります。

　鉄道会社以外でも，神姫バスツアーズ（姫路市）では，定員18人の「ゆいプリマ」，JTBでは定員10人の「ロイヤルロード・プレミアム」といった特別仕様のバスによるプレミアムツアーを展開し，これらのツアーには日帰り旅でも5万円を超えるような価格設定をしているコースもあります。このように，**これまでの日本に存在しなかった富裕層を対象としたプレミアムな旅行・観光市場が新たに誕生しているのです。**

どん底からの民営化

　国鉄が分割民営化されJR九州が発足した当時，九州の鉄道事情は決してよいとはいえませんでした。国鉄末期の時代はマイカーの普及や飛行機の大衆化が進み，利用者が減る→値上げをしたり，減便する→さらに利用者が減る…といった悪循環に陥っていました。さらに，九州を走る列車は東京や大阪で走った型落ちばかりで「車両の墓場」などと揶揄され，鉄道の利用者離れに歯止めがかからない状況でした。

　そのような逆風下で発足したJR九州は，増発による乗車機会の拡大を図りました。あわせて，自社での新型車両の開発を進め，快適な移動空間の創出・提供に力を注ぎました。1988年にデビューした783系（ハイパーサルーン）は，JR九州としてはもちろん，JRグループでも民営化後初となる新型車両として注目を集めました。ハイパーサルーンは先頭車両の大きな窓が特徴で，客室からは運転席と同じ視界が得られ，その愛称に相応しい車両でした。

　その後，1992年にデビューした787系「つばめ」は，シックな雰囲気の車内，

図表 3-2　JR九州発足以降の鉄道運輸収入の推移

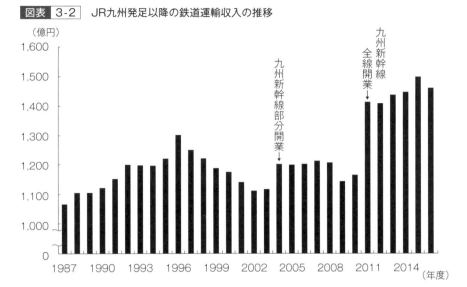

出所：JR九州ホームページを元に筆者作成。

　「つばめレディ」と呼ばれる客室乗務員による車内サービスの提供，食堂車が縮小・廃止に向かう時代にあえてビュッフェを備え，往年の名列車の名にふさわしい車内空間とサービスを提供し，快適な鉄道の旅を演出してきました。
　その結果，マイカーや高速バスに流れていた旅客を呼び戻すことに成功し（図表3-2），その経験がJR九州が送り出す個性的な列車，さらには，ななつ星へとつながる快適な車両空間の提供へとつながっていったのです（図表3-3）。

2　観光列車からD＆S列車，そして"ななつ星"へ

旅の楽しみとしての列車

　先に述べたハイパーサルーンや787系といった列車は，九州の主要都市間を結ぶ幹線輸送を担う列車でした。一方で，JR九州は早くから観光列車の投入

図表 3-3　JR九州の列車

運行年	列車名・車両名	概要・特徴
1988年	ハイパーサルーン（783系）	先頭車両の客室から運転席と同じ前面展望が可能な大きな窓が特徴のJR九州初の新型車両。現在は博多～佐世保・ハウステンボスなどで運行。
	オランダ村特急	小倉～佐世保間の臨時列車として運行。オランダ国旗を連想させる赤・白・青のカラーリングで，先頭車はガラス張りの展望車。
	アクアエクスプレス	博多～西戸崎を運行。JR九州のデザイン顧問である水戸岡鋭治氏が初めて鉄道車両のデザインを手がけた作品。
	SLあそBOY	熊本～宮地を運行。車体の損傷が激しく，2005年に引退するが，大改修を経て2009年に「SL人吉」として復活。
1989年	ゆふいんの森	博多～由布院・別府という九州が誇る温泉地を結ぶ列車。JR九州のD&S列車の先駆。外国人旅行客にも高い人気を誇る。
1992年	787系（つばめ）	食堂車が姿を消す中でビュッフェを設ける。国鉄時代からの由緒ある列車名「つばめ」を使用するにあたってはJR各社に断りを入れたという逸話も。
1995年	883系（ソニック）	博多～大分の特急ソニックに投入。個性的なシートデザインやカラーリングが特徴。
1996年	いさぶろう・しんぺい	人吉～吉松を走る普通列車。途中駅や景勝地での停車時間を確保し，スローな旅を演出。途中駅では住民ボランティアが歓迎。2004年の九州新幹線部分開業にあわせて改造した専用車両を投入。
2000年	885系（白いかもめ）	博多～長崎の特急かもめに投入。真っ白な車体と革張りのシート，デッキのアートギャラリーなどが特徴。博多～大分のソニックにも投入。
2004年	九州新幹線800系	九州新幹線部分開業時に投入。2×2列のゆったりしたシートのほか，木のぬくもりが随所に感じられるほか，沿線の特産品であるい草を使った縄のれんを取り入れるなど，新幹線らしからぬ斬新なデザイン。
	はやとの風	九州新幹線部分開業にあわせて鹿児島中央～吉松に誕生。明治期からの歴史ある駅舎が残っていた嘉例川駅が一躍観光資源に。「いさぶろう・しんぺい」と吉松で接続。
2009年	海幸山幸	宮崎～南郷の日南海岸沿いを走る。豪雨被害により運行を断念した高千穂鉄道の車両を購入し，改造。JR九州のD&S列車の中で唯一，新幹線接続しない列車。
2011年	九州・山陽新幹線N700系	九州新幹線の全線開業，山陽新幹線への乗り入れにより「さくら」「みずほ」に投入。指定席の2×2列シートなど快適な車内。山陽区間の旅行商品では「のぞみ」よりも割高な価格設定でも「さくら」が選ばれるという現象も。
	指宿のたまて箱	九州新幹線全線開業にあわせ鹿児島中央～指宿に誕生。薩摩半島に伝わる竜宮伝説をコンセプト。乗車口からミストが吹き出し，玉手箱を演出。海側の全席が海に面した回転シート。
	あそぼーい！	1988年から運行していた「SLあそBOY」「あそ1962」の後継としてデビュー。下り列車が熊本に到着するときはSL人吉と併走し，互いの乗客が手を振る演出も。現在は熊本地震の影響により運休中。
	A列車で行こう	九州新幹線全線開業にあわせ熊本～三角（天草の玄関口）に誕生。16世紀の天草に伝わった南蛮文化がモチーフ。バーが車内にあるほか，熊本駅の列車入線時には「A列車で行こう」のジャズが流れる。
2013年	ななつ星in九州	「九州の魅力を世界に発信する」という思いのもとで企画・設計された豪華列車。九州内を周遊する運行形態で，クルーズトレインというこれまでの日本の鉄道にはなかったコンセプトを展開。
2015年	或る列車	1906年，当時の九州鉄道がアメリカのブリル社に発注した豪華客車，通称「或る列車」をモデルに再現。車内でスイーツのコースが堪能できる。ななつ星in九州と同様に旅行商品としての取扱のみ。
2017年	かわせみ やませみ	熊本～八代～人吉の球磨川沿いを走る。車両デザインの段階から沿線地域とのコラボレーションを進めた列車。球磨焼酎のPRイベントなども車内で実施される。

出所：JR九州ホームページなどを元に筆者作成。

も進めました。民営化翌年の1988年には「オランダ村特急」「アクアエクスプレス」「SLあそBOY」といった，それぞれの目的地のイメージにあったデザインとコンセプトを有する列車の運行を始めています。翌1989年には，今なお高い人気を誇る「ゆふいんの森」が運行を始め，その後も九州各地でこうした列車が走るようになりました。これらの列車は「観光列車」と呼ばれて人気を博し，九州の旅の魅力を彩る存在となりました。

　これらの観光列車は，目的地にいち早く到着させるための単なる移動手段としての列車ではありません。移動そのものも旅の楽しみの1つという考えのもとで運行されています。そのため，眺めのいい場所で減速や停車をしたり，途中の駅で長い時間停車して地域の人々が特産品販売を行うといった，**移動手段としての列車では考えられない運行形態を取れる**のです。

写真　3-2
肥薩線大畑駅で長時間停車する
「いさぶろう・しんぺい号」
出所：筆者撮影。

観光列車からD&S（デザイン&ストーリー）列車へ

　JR九州では，2004年の九州新幹線部分開業，2011年の全線開業にあわせて，新幹線の開業効果を新幹線駅ができる街だけでなく，新幹線の走っていない街や地域にも広げることを狙って多くの観光列車を投入しました。これらの列車にはこうした目論見通り，新幹線を使って九州を訪れた人たちが，新幹線から乗り換えてその先の目的地への旅を楽しむようになりました。

　九州各地でこれらの観光列車を走らせるとなると，それぞれの列車の個性を

明確にしなければなりません。似たような列車が走っていたのでは列車の旅に楽しさや感動が生まれないからです。そのため、観光列車の開発にあたっては、沿線の地域が持つ歴史（ストーリー）を車両のデザインや車内サービスに反映させることが強く意識されるようになりました。

　例えば、2009年から運行を始めた日南線の「海幸山幸」は、海岸線と緑深い山の中を走る特色を神話の里である宮崎の海幸彦と山幸彦になぞらえてネーミングしています。車両デザインにあたっては、沿線の特産品である飫肥杉を車内の手すりやフローリングはもとより、車体側面にも取り入れています。2011年に誕生した「指宿のたまて箱」は、当地に残る竜宮伝説をコンセプトとした列車で、運行開始以降、毎日3往復の運転ながら高い乗車率を誇っています。黒髪の青年だった浦島太郎が玉手箱を開けた瞬間に白髪の老人になったことを車体の海側は白、山側は黒に塗り分ける塗装で表現しています。さらに、乗降口にはミストの吹き出し口を設け、ドアが開いている間は玉手箱から煙が出ているような演出を行っています。

　こうした積み重ねを経てJR九州では、これらの列車をD&S（デザイン&ストーリー）列車と呼ぶようになりました。**単に観光客に楽しみを供するのではなく、沿線の歴史や文化を列車に再現させることで、訪れた人たちに地域をより深く知ってもらうことを意図している**からです。

富裕層の実態とニーズを知ることから始まった「ななつ星」

　「ななつ星in九州」につながる日本初の豪華寝台列車構想は、2009年に始動し、2011年にはJR九州の車内にプロジェクトチームが発足しました。

　プロジェクトチームでは、オリエントエクスプレスをはじめとする海外の豪華列車の視察はもちろん、富裕層の消費・生活の実態やニーズを知るために百貨店や高級ホテルなどから教えを請うなどして、豪華寝台列車構想に求められるハードやソフト（サービス）を具体化していきました。

　ななつ星の車両デザインも、これまでのJR九州の車両デザインを手がけてきた水戸岡鋭治氏が担当しました。水戸岡氏が当初提案したデザインは、近未

来的なものでした。しかし，3泊4日や1泊2日の旅を過ごすには落ち着いてゆったりできる空間が望ましいとのことから，「懐かしくて新しい」というコンセプトに切り替えられました。ななつ星は木を基調としたあたたかみのあるつくりで統一され，また九州や日本の伝統美も積極的に取り入れられました。

　富裕層のニーズに応えるには車両といったハードだけでなく，ななつ星に関わるすべてのスタッフが提供するサービスも重要です。車内乗務に関わるクルーは，運行開始の1年以上前にあたる2012年5月から社内外からの募集を開始し，25名が任命されました。社外からの採用者は，航空会社やホテルなどでの勤務経験を持つサービスのプロで構成されています。クルーは着任後，鉄道知識やホテル・レストランサービスに関する研修のほか，劇団によるコミュニケーション研修などを1年間にわたって実施しました。運行の半年前からは担当する業務ごとにチームに分かれ，試乗研修なども行い，第1便の運行を迎えています。

重量，空間などの制約下での車両設計

　車両の設計においては，鉄道車両という高さや幅，さらには重量などの制約があるなかで，いかに豪華寝台列車の名に恥じない快適性を確保するかという課題が避けられません。

　車両には安全に運行するための総重量の限界値があり，また確保できる空間にも限りがあります。そのため，車両設計においては，重量や空間の制約から逆算する形で内装を組んでいかなければならなかったのです。例えば，客室のシャワーブースひとつをとっても，必要十分な水量を確保し，快適な水圧，安定した湯温の確保できる装置を設置しようとすれば，それだけで車両の重量は重くなります。このほかにも，振動や騒音を軽減する装置や豪華な内装の導入，不燃材の使用が求められるといった制約のなかで最善の組合わせが選択され，新しい車両が完成するのです。この点に，重量や空間の制約がほとんどないホテルや旅館の客室設計との違いがあります。

都市間を結ぶブルートレインから九州を周遊するクルーズトレインへ

　かつての寝台列車といえば，その車体の色から「ブルートレイン」と呼ばれて人気を博し，東京や大阪などと九州各都市を結ぶ移動手段として広く利用されてきました。しかし，移動手段としての寝台列車の競争力は低下の一途にあり，2009年に東京～熊本・大分を走る「はやぶさ・富士」が廃止されたことにより，寝台列車は九州から完全に姿を消しました。

　ななつ星が九州を周遊する「クルーズトレイン」として運行するに至った背景には，寝台列車に移動手段としての存在価値がなくなったという時代背景に加え，JR九州が多くの観光列車を運行させるなかで，列車に乗ること自体が旅の楽しみになっていることに気づいていたことも影響したといえるでしょう。旅そのものを楽しんでもらうのであれば，その実現を図るうえで，2つの異なる地点間を結ぶことにとらわれる必要はないからです。

　もう1つは，九州の魅力を世界に発信するという志を持ち，責任をもって世界一のサービスを目指す列車を走らせるのであれば，かつてのブルートレインのように，運行区間の大半を他社の管轄する線区に委ねるという運行形態は取りにくかったという点も影響しています。

寄り添うようなフレンドリーなおもてなし

　ななつ星は，九州の魅力を世界へ発信するための列車という夢のもと，世界一の列車，世界一のサービスを目指すことを銘打っており，また各種メディアでは「超豪華クルーズトレイン」としてよく紹介されます。そのため，ななつ星の車内では，伝統と格式のある超高級ホテルのような空間とおもてなしが用意されていると思われがちです。

　しかし，ななつ星において提供されるサービスの基本姿勢は，「寄り添うような，フレンドリーな」おもてなしなのです。**富裕層が顧客だからといって，かしこまりすぎてしまうと，3泊4日という長い行程の中では，乗客も気を遣って，かえって疲れてしまうことにもなる**からです。

　こうしたおもてなしは，もともとJR九州が観光列車，D&S列車を運行して

いくなかで得意としてきたサービスです。例えば，熊本行きの「あそぼーい！」と「SL人吉」は熊本駅に同時刻に到着するダイヤになっていて，到着前に列車が併走します。その時にそれぞれの列車の客室乗務員が乗客に大きな文字が書かれたカードを配って，併走する列車どうしで手を振り合うという旅の最後の思い出の演出を行っています（**写真3-3**）。そのほかにも，「ゆふいんの森」では，制帽をかぶって乗車記念パネルを持っての記念撮影を行うといったサービスを行っています。これらはまさに「寄り添うような，フレンドリーな」おもてなしといえるでしょう。

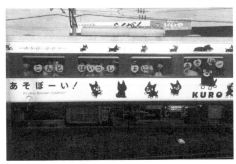

写真 3-3
並走する「SL人吉」に向かって
メッセージカードを振る
「あそぼーい！」の乗客の様子

出所：「SL人吉」車中から筆者撮影。

　ななつ星のサービスは，列車に乗車する前から始まっています。ななつ星の旅を最高の思い出として持って帰ってもらうためには，14組の乗客それぞれが持っているななつ星乗車に至るまでのストーリーを，スタッフがよく知っておくことが大切だからです。ですから，予約の受付から乗車までには20回ほどのやり取りを行い，ななつ星の旅のタイムテーブルや車内でのサービスに関する説明のほか，アレルギーの有無や食べ物の好き嫌いを聞いたり，誕生日や結婚記念日などのお祝いといったななつ星乗車のきっかけを聞き出すことで，特別な旅に向かう乗客のそれぞれのニーズに応じた最高のサービスを提供しようとしています。当選したことを電話で伝える際には，ツアーデスクのスタッフ全員が拍手をするようになりました。これもまた，「寄り添うような，フレンドリーな」おもてなしを象徴するエピソードといえます。

3 九州のブランドが輝く舞台

九州,日本の匠の技のショールーム

　ななつ星のコンセプトは,「懐かしくて新しい」です。このコンセプトを演出する車両デザインには,随所に九州,日本の誇るさまざまな伝統工芸や先端を行く高度な技術が組み込まれています。

　例えば,家具のまちとして知られる福岡県大川市には,大川組子と呼ばれる釘を使わずに木と木を精巧に組み付けた木工細工があります。これがラウンジカーの入口や各客室のドアなどに取り入れられています。また,人間国宝である十四代酒井田柿右衛門氏の作による有田焼の洗面鉢がすべての客室に取りつけられています。車体に飾られているエンブレムは,北九州市のアートデザイン会社である鎚絵による金属加工技術が用いられています。

　ななつ星で採用されている内外装のほぼすべてが,こうした匠の技によって構成されています。**ななつ星の車両自体が九州,そして日本の匠の技のショールームとなっているのです。**

「手間ひま」が生み出す食の感動

　ななつ星の車両において九州の優れた技術が輝いているのは,エクステリアやインテリアだけではありません。「食」もまた,ななつ星の旅のプレミアム度を高める重要な要素です。

　ななつ星で採用される料理は「味」で選定されてはいません。味には好みがあります。また食べる側の体調によって評価も変わるからです。**重視しているのは,食材や料理にかけた「手間ひま」です。**単に高価な食材,料理を提供するというのではなく,作り手がどのような想いでこの食材や料理を作っているか,その食材や料理にはどのようなストーリーが隠されているかを料理を通じて伝え,乗客に驚きや感動を与えようというものです。

　ななつ星では,沿線の和洋さまざまな名店の店主や料理長が直接列車に乗り

込んで食事を提供します。こうしたサービスも，通常の鉄道の旅では実現し難いプレミアムなサービスなのです。

　ななつ星で提供される料理は，名店の手によるものだけにとどまりません。宮崎県都農町は特急列車の大半が通過してしまうような小さな町ですが，ななつ星は朝に都農駅に停車します。そこで南国宮崎の太陽の恵みを存分に受けた朝採れの野菜を積み込んで，すぐに調理をし，朝食に提供するのです。**採れたての野菜をその場で調理したものが食卓に上がるのは，都会では味わうことのできない最上の贅沢**といえます。

　都農町の野菜は，採れたて素材の魅力だけではありません。町内で採れた「ごくとま」という高級品種のトマト10kgからわずか2.5リットルしか取れず，濾過に最低でも4日かかるという手間ひまをかけたトマトジュースもななつ星で提供されています。このトマトジュースは，一般のトマトジュースとは違ってシャンパンゴールドの色をしながら濃厚な味わいを残す，プレミアムなトマトジュースなのです。

　そして，こうした多彩で魅力的な料理を彩る器には「清六窯」の有田焼，洋食器には新潟県燕市の「山崎金属工業」のシルバーが採用されるなど，細部にまでプレミアムが散りばめられています。

ななつ星を通じて広まる九州の魅力

　ななつ星は，それ単体ではJR九州の収益を高める存在にはならないといえます。確かに，ななつ星の客単価は破格です。しかし，最大で14組30名という少ない定員，週2回のみの運行，そしてプレミアムなサービスを提供するために多額のコストがかかっています。これが新幹線であれば，客単価は1万円に満たなくとも，1日に何本も運行され，1本の列車に数百人が乗っているわけですから，収益面での貢献度に差があることは明らかです。

　しかしながら，ななつ星というフィルターを通じて伝えられる九州のさまざまな魅力は，たとえななつ星には乗れなくとも，九州を訪れたい，九州の美味しいものを食べたい，九州の魅力を堪能したいという強い誘因になりえます。

ななつ星の旅のように，一から十までこだわり抜いた贅を尽くしたサービスを味わうことはできなくとも，その一端だけでも味わいたいという人はたくさんいます。

ななつ星に遅れて誕生したスイーツトレイン「或る列車」は，日帰り旅で1人当たり2万5千円からという価格設定の豪華列車です。これはななつ星によって開拓された新しい「贅沢な小旅行」というニーズに応えるサービスといえます。

また，ななつ星で採用されている商品やオリジナルグッズは，「ななつ星オンラインショップ」での通信販売も行われています。ななつ星セレクションとして紹介されている九州各地の商品には，商品に込められたストーリーが詳しく紹介されています。

こうしてななつ星を通じて九州に魅力を感じた人たちが実際に九州に来たり，通信販売などで一品だけでもプレミアムな商品やサービスにお金を費やせば，これらの商品やサービスを提供している企業にとってはもちろん，九州の経済にとっても大きなプラスの効果をもたらす存在になるのです。

4　協働から共創へ
―トップランナーが挑む新たな地平

ななつ星を彩る沿線住民の力

ななつ星の成功には，JR九州をはじめとするこの列車に関わる多くの事業者の人たちの努力によって支えられています。それだけではなく，沿線住民の力が大きな支えになっています。

ななつ星の運行ルート上には，ななつ星に手を振るといった人達がいます。豪華クルーズトレインが自分の住むまちを通っていくことに誇りや喜びを感じるからでしょう。久大本線沿線のうきは市立山春保育所の園児たちは，ななつ星の通過にあわせて列車の見えるところまで出向き，通過する列車に手を振るといった活動を毎週続けています。ななつ星の乗客やクルーもそれに応え，手

を振り返しています。こうした取組みを受けて、JR九州はななつ星をうきは駅に停車させるダイヤに変更し、駅での歓迎を行うようになっています。うきは駅のほかにも、久大本線の豊後森駅や長崎本線の神埼駅、佐世保線の武雄温泉駅でも沿線住民の歓迎に応え、ななつ星を停車させるダイヤに変更しました。

写真 3-4
ななつ星を歓迎する沿線住民
（久大本線うきは駅）
出所：うきは市提供。

　こうした歓迎は、ななつ星以外にもD&S列車が走る九州の各地で展開されています。例えば、鹿児島県指宿市では、平日の昼休みの時間帯に市役所の脇を走る「指宿のたまて箱」に市職員の有志が手を振っています。肥薩線の人吉と吉松を結ぶ「いさぶろう・しんぺい」では、無人駅である大畑駅や真幸駅で近隣の住民が出迎えを行うとともに地域の特産品を販売しています。
　こうした歓迎について「たかが手を振ること」と思う人もいるかもしれません。しかし、乗客にとっては、地域の人たちの歓迎は旅の良い思い出になります。手を振る沿線住民や子ども達にとっても楽しく、地域が認められたような記憶となるのです。**こうした経験と記憶の積み重ねが、「シビックプライド」を呼び覚まし、地域創生のエネルギーにもつながるのです。**

ななつ星にふさわしい景観を生み出す好循環

　沿線住民の力は、ななつ星への歓迎だけにとどまりません。ななつ星が走る舞台にふさわしい景観を作ろうと、沿線の自治体や住民が景観の保全に努めています。自治体や住民による美しい車窓の創出は、地域の景観を良くするだけ

でなく，ななつ星の旅の価値を高めるのです。

　すなわち，ななつ星の旅の魅力はJR九州，そしてななつ星に商品やサービスを提供している企業や生産者に加え，沿線住民も一体となって築き上げています。繰り返しになりますが，ななつ星というクルーズ列車が生まれたからこそ，地域の魅力を磨き，高めようという意識が住民にも強く働いたのです。「見られている」という意識を持って，地域住民自らが景観を美しくしようと努力することにより，景観が磨かれて，それが地域の評価につながり，さらなる景観の向上に向けた取組みにつながるといった好循環が生まれ始めています。

協働から共創への進化

　九州における観光列車，D&S列車，そしてななつ星へとつながる事業展開においては，運行事業者として中心的な役割を担うJR九州の努力もさることながら，これらの列車が走る沿線の企業や住民との協働によってその魅力が増幅されてきました。これらの相乗効果によって，九州は列車の旅を楽しむトッププランナーとして評価されるまでになっています。

　JR九州がこれまでに世に送り出してきた観光列車，D&S列車，ななつ星では，地域の歴史や文化を考慮したコンセプトのもとに車両デザインと車内サービスの設計が行われ，その後に地域との協働が行われてきました。しかしながら，2017年に熊本と人吉の間にデビューした「かわせみやませみ」のケースでは，コンセプトを設定する段階から沿線住民の声にも耳を傾け，地域との協働というよりもむしろ共創によって新たなD&S列車を作り上げました。コンセプトの段階から多くの声に耳を傾け，形に変えていくことは多くの労力を必要とします。それでも，真に地域に受け入れられる列車を作るために，その手間を惜しまずに形にしていくという方向に舵を切ったのです。

　その背景には，多くの鉄道会社が観光列車の運行を始めたことがあります。和歌山電鐵の「たま電車」のように，かつてはJR九州の個性でもあった水戸岡氏によるデザインの車両も，全国各地で見られるようになっています。トッププランナーの地位をゆるぎないものにするために，JR九州は，新型車両の開

発という次元にとどまらず，地域との関係性のさらなる深化を目指したのです。

全国に広がる観光列車とプレミアム化

　全国でさまざまな観光列車が走るようになりました。それらを，販売形態や主たる客層，運行形態などから6つに類型化すると**図表3-4**のようになります。

　販売形態には，一般の列車と同様の扱いで販売されるものと，旅行商品として販売されるものの2種類があります。

　一般運行型は，通常の列車と同じように駅の窓口で切符を購入でき，時刻表にもダイヤが掲載されています。これらは，一般乗客の利用も想定されている相乗り型と全車グリーン車や指定席にした観光中心型に分類できます。

　相乗り型は，観光目的と一般利用を分ける分離型と，デザインは施されていても通常の列車とまったく同じ形で運行され乗車できる混乗型に分かれます。分離型には，車内レイアウトとサービスを変更することで，生活列車として運行される日と観光列車で運行される日が分けられる「道南いさりび鉄道」の「ながまれ号」や，観光目的の人には指定席を提供し一部の自由席を地域住民

図表 3-4 全国の観光列車とその特徴

販売形態	客層	運行形態	主な事例
一般運行型	相乗り型	分離型	ながまれ号（道南いさりび鉄道），瀬戸内マリンビュー，奥出雲おろち号（JR西日本），いさぶろう・しんぺい（JR九州）
		混乗型	マンガッタンライナー（JR東日本），500 TYPE EVA（JR西日本），アンパンマン列車，予土線ホビートレイン（JR四国），たま電車・いちご電車・おもちゃ電車（和歌山電鐵）
	観光中心型	テーマ特化型	とれいゆつばさ，現美新幹線，越乃Shukura（JR東日本），伊予灘ものがたり，四国まんなか千年ものがたり（JR四国），おれんじ食堂（肥薩おれんじ鉄道）
		総合型	リゾートしらかみ，きらきらうえつ，SLばんえつ物語（JR東日本），花嫁のれん（JR西日本），ゆふいんの森，A列車で行こう，はやとの風，指宿のたまて箱（JR九州），田園シンフォニー（くま川鉄道）
旅行商品型	観光特化型	クルーズ型	四季島（JR東日本），瑞風（JR西日本），ななつ星in九州（JR九州），THE ROYAL EXPRESS（クルーズプラン，伊豆急・東急）
		テーマ特化型	TOHOKU EMOTION，フルーティアふくしま（JR東日本），レストラン・キハ（いすみ鉄道），或る列車（JR九州），THE ROYAL EXPRESS（食事プラン，伊豆急・東急）

出所：筆者作成。

の足として提供する「いさぶろう・しんぺい（人吉〜吉松）」があります。混乗型は，JR四国の「アンパンマン列車」や1両編成のディーゼルカーを新幹線のようにデザインした列車などが走る「予土線ホビートレイン」があります。

観光需要が中心の列車には，車内で足湯が楽しめる「とれいゆつばさ（福島〜新庄）」や車内が現代美術のギャラリーになっている現美新幹線（越後湯沢〜新潟）のようなテーマ特化型の列車から，「ゆふいんの森」に始まる移動の過程をさまざまな形で楽しむ演出がなされた観光列車に分けられます。

ななつ星の誕生と成功によって近年増えているのが旅行商品型です。これは貸切列車としての運行形態であり，空席があるからといってその日に乗れる列車ではなく，時刻表にも載らない列車です。ななつ星in九州や四季島，瑞風といった豪華クルーズトレインはこれに当たります。「或る列車」やJR東日本八戸線の「TOHOKU EMOTION」，いすみ鉄道（千葉県）の「レストラン・キハ」などは「食」をテーマにした旅行商品として比較的割安な価格で販売されています。2017年の7月から伊豆急で運行を開始した「THE ROYAL EXPRESS」は，クルーズプランと食事プランの価格帯の異なる商品を混在させて提供するといった販売方法を採用しています。

ななつ星はプレミアムな旅行市場を切り拓きました。その結果，新たに参入する企業が増え，市場は拡大しています。プレミアムな旅行・観光市場は，今後の地域創生にとって重要な切り札になるに違いありません。

▶▶▶参考文献

石井幸孝［2007］『九州特急物語 —創業からJR九州までの120年』JTBキャンブックス．
大坂直樹［2017］「「観光列車大競争」でJR九州が勝ち残る秘策」『東洋経済ONLINE』2017年3月9日．
唐池恒二［2016］『錢客商売』PHP研究所．
九州旅客鉄道株式会社［2017］『JR九州30年史』．
水戸岡鋭治［2013］『電車をデザインする仕事 ななつ星，九州新幹線はこうして生まれた！』日本能率協会マネジメントセンター．

第4章 公共空間の再生を通じた東京のプレミアム化
——世界都市の条件

　東京の国際競争力を高めてアジア随一の世界都市とすることを目的とした国家戦略特区制度の後押しを受け，現在東京都心部では多数の都市再生プロジェクトが進行中です。しかし，ビジネスインフラを整備するだけでは，シンガポールや香港などのライバル都市に打ち勝つには十分ではありません。

　むしろ着目すべきは，東京というまちが持つ界隈性やウォーカビリティといった魅力です。そして，こうした魅力を高めるうえで鍵を握るのが，これまで十分に活用されてこなかった公園・道路・河川敷といった公共空間なのです。

　公共空間の活性化に市民や民間事業者が取り組むことを通じて，まず私たち自身が東京というまちを好きになること…それが結果として，東京のプレミアム価値を高めることにつながるのです。

1　世界都市・東京の復権に向けて

国際ビジネス拠点・国際金融都市を目指す

　アベノミクス効果による円安・株高・低金利，さらには2020年東京オリンピックの開催決定を背景に，東京では今，大型の都市開発プロジェクトが次々と立ち上がっていますが，これを後押ししているのが政府の「国家戦略特区」です。国家戦略特区とは，規制改革を総合的かつ集中的に推進し，産業の国際競争力の強化，国際的な経済活動拠点の形成を図る制度です。

　その1つである東京圏国家戦略特区は，世界で一番ビジネスのしやすい環境を整備することによって，世界から資金・人材・企業等を集める国際ビジネス拠点を形成することを目的とし，日本橋地区，日比谷地区，大手町・丸の内・

有楽町地区，虎ノ門・六本木・赤坂地区などのエリアで現在32の都市再生プロジェクトが指定されています。

　この国家戦略特区の元になっているのが，2013年に策定された政府の成長戦略「日本再興戦略 -JAPAN is BACK-」です。同戦略では，外国企業が我が国にアジアの拠点を置くインセンティブとなるよう都市の国際競争力を高めることが重要であるとし，そのために「国家戦略特区」を活用して大胆な規制改革を実施する，としています。一方，2016年に東京都知事に就任した小池百合子氏も，選挙公約の1つに掲げた「東京がアジアナンバーワンの国際金融都市の地位を取り戻す」の実現に向け，東京都を挙げて積極的に取り組んでいます。

都市間競争の時代

　このように政府も東京都も，東京を「国際ビジネス拠点」もしくは「国際金融都市」とすることを政策目標に掲げているわけですが，その背景には都市の国際競争力が国家の競争力に直結するという認識があります。

　1980年代に始まった工業社会から知識社会への移行に伴って，サービス業や金融業，ソフトウェア開発やデザインといった知識集約型の産業が台頭してきました。これらの産業は都市部に立地する傾向が強いため「都市型産業」と呼ばれ，こうした産業が集積する大都市が国全体の経済成長を牽引するようになりました。さらに，情報化とグローバル化の進展によって，企業活動の多国籍化，金融のグローバル化，労働力のボーダーレスな移動が促進されるにつれて，各国の大都市が企業や資金，知識人材（ナレッジワーカー）の獲得を巡って競争するようになりました。

　そのため，国家の経済的競争力はその国の中心都市の競争力に左右されると考えられるようになり，東京の国際競争力を高めることが急務であるという認識が高まっているのです。

世界都市論

　ここにさらに「世界都市（グローバル・シティ）」という議論が加わってき

ます。世界都市論とは、こうしたグローバルな都市間競争が進む過程で、多国籍企業の中枢管理機能（ヘッドクォーター）や国際金融センター機能、あるいはそれらの活動を支える高度な専門サービス機能などが特定の大都市に集積していくとともに、それらの大都市の中からグローバルな経済ネットワークの結節点となるような都市－世界都市－が立ち現れてくる、というものです。ちなみに、この議論が起こった1980年代においては、東京はニューヨーク、ロンドンと並んで三大世界都市の1つに位置づけられていました。

しかし、その後日本経済がバブルの崩壊とそれに続く長期の景気停滞に陥っている間に、中国を筆頭にアジア諸国が急激な経済成長を遂げたことで、シンガポール、香港、上海、北京といった諸都市がアジアにおける世界都市として急速に頭角を現してきました。とくにアジアにおける国際金融センターとしては、東京はシンガポール、香港の後塵を拝するほどにその地位を低下させているというのが現状です。

都市に企業や人材が集積を始めると、いわゆる「集積のメリット」を求めてさらに人や企業が集まってくるようになる「集積の経済」という外部効果が働きます。集積がさらなる集積を呼ぶのです。ですから、アジアナンバーワンの世界都市の地位を巡る都市間競争に負けるということは、東京の衰退、ひいては日本の衰退にもつながりかねないということになります。政府や東京都が都市の国際競争力の強化を重視する背景には、こうした危機感があるのです。

コラム　世界都市ランキング

世界の都市の競争力を比較する目的で、さまざまな機関が「ランキング」を公表しています。代表的なものが森記念財団都市戦略研究所の「世界の都市総合力ランキング（GPCI）」で、「経済」「研究・開発」「文化・交流」「居住」「環境」「交通・アクセス」の6分野・70の指標を元にランキングを作成しています。ちなみに、2020年までにこのランキングで東京が3位以内に入ることが、政府の日本再興戦略におけるKPI（Key Performance Indicator：成果目標）になっています。

順位	GPCI2012	GPCI2013	GPCI2014	GPCI2015	GPCI2016
第1位	ロンドン	ロンドン	ロンドン	ロンドン	ロンドン
第2位	ニューヨーク	ニューヨーク	ニューヨーク	ニューヨーク	ニューヨーク
第3位	パリ	パリ	パリ	パリ	東京
第4位	東京	東京	東京	東京	パリ
第5位	シンガポール	シンガポール	シンガポール	シンガポール	シンガポール
第6位	ソウル	ソウル	ソウル	ソウル	ソウル
第7位	アムステルダム	アムステルダム	アムステルダム	香港	香港
第8位	ベルリン	ベルリン	ベルリン	ベルリン	アムステルダム
第9位	香港	ウィーン	香港	アムステルダム	ベルリン
第10位	ウィーン	フランクフルト	ウィーン	ウィーン	ウィーン

出所：森記念財団都市戦略研究所［2016］より

なお，当然のことですが，こうしたランキングはどのような指標を採用するか，また個々の指標にどのように重み付けをするか，といったことで変わります。参考までに，他の機関が公表しているものをいくつか掲げておきます。

ランキング名	公表機関	ニューヨーク	ロンドン	東京	シンガポール	香港
グローバル都市指標GCI2017	A.T.カーニー	1位	2位	4位	6位	5位
世界の都市力比較2016	PwC	6位	1位	15位	2位	9位
世界金融センター指標GFCI2017	Z/Yen	2位	1位	5位	3位	4位

出所：A.T.Kearney［2017］，PwC Global［2016］，Z/Yen［2017］より

2　世界都市の条件

世界水準のビジネス環境の整備

　現在都内で計画中・進行中の都市再生プロジェクトの多くは，オフィスビルを中心としつつも商業施設，住宅，ホテル，コンベンション施設，文化施設などの諸機能を備えた複合開発となっています。ニューヨークやロンドンと並ぶ世界都市を目指すからには，環境性能に優れ免震などセキュリティ対策も万全な高機能のオフィスビル，外国人富裕層やビジネス客に選ばれるようなラグジュアリーホテル，外国人駐在員やその家族が快適に暮らせるような質の高い住宅やサービスアパートメント，ハイセンスなショッピングセンター，国際会

議が開催できるようなカンファレンス施設などを整備する必要があります。こうした施設を含んだ複合開発が現在都内各所で進められているのです。

　もちろん，いくらハイスペックなオフィスビルやラグジュアリーなホテルを整備しても，それだけでグローバル企業が東京に進出してくるわけではありません。例えば国際空港の問題があります。東京には羽田と成田の２つの国際空港がありますが，国際線の就航都市数は両空港合わせて88都市（2013年）と，シンガポールのチャンギ空港（134都市）や香港のチェクラップコク空港（138都市）といった「アジアのハブ空港」に大きく水を空けられています（国土交通省［2013］）。また，羽田空港が国際化されたとはいえ，国際線の乗降客数では成田と羽田の比は約２：１といまだ成田空港がメインなのですが，成田空港から都心あるいは羽田空港へのアクセスの悪さは皆さんもご承知の通りです。

　国土交通省では2020年の東京オリンピックに向けて，飛行経路の見直し等によって羽田空港の発着回数を増枠することで羽田の国際線の充実を図るとしていますが，東京の国際競争力を強化していくうえで，その空の玄関口である空港をどのように整備・機能強化していくのかは非常に重要な課題です。

ソフトインフラの充実も不可欠

　一方，こうしたハードなインフラ整備のみならず，ソフトなインフラの整備も必要です。例えば，外国人が日本で生活する上で障害となるのが「言葉の壁」ですが，これが英語を公用語とするシンガポールや香港に比して大きなハンディとなっています。この点については，東京オリンピックの招致決定を受けて国・関係自治体・民間が参画する多言語対応協議会が設置され，官民一体となった多言語対応への取組みが本格化しています。

　また，日本に駐在する外国人が気兼ねなく生活できるよう，外国人の医師や家事支援人材（メイドやベビーシッターなど）が求められますが，そうした人材の日本在留資格にかかる規制やインターナショナルスクールの設置基準を，国家戦略特区の制度を使って緩和することで外国人が暮らしやすい生活環境の整備を進めています。

ビジネス環境についても，外国企業に対する税制優遇や補助金など各種のインセンティブ提供，入国審査や開業手続きの迅速化・簡素化，外国企業の開業・進出の支援窓口の開設など，外国企業の進出を積極的に支援する体制が整えられつつあります。

本質機能と表層機能
しかし，これらの取組みは，いずれも東京が世界都市となるための「必要条件」であって「十分条件」ではないということには留意しておく必要があるでしょう。
「本質機能」と「表層機能」というマーケティング用語があります。「本質機能」とは一定の水準を満たしていることが当然の前提となっている機能で，これが水準に達していないと顧客満足度が著しく低下するような機能をいいます。一方の「表層機能」とは，あればあるに越したことはないという機能で，これがあると顧客満足度が高まりますが，ないことがただちに不満には結びつかないというような機能をいいます。
例えば，愛想の良いヤブ医者と愛想の悪い名医がいたとして，どちらの医師に診てもらいたいと思うでしょうか。いくら愛想が良くても腕の悪い医師にかかりたいと思う人はいないはずです。この場合，医師としての腕前が本質機能で，愛想の良し悪しが表層機能にあたります。
これを都市間競争に当てはめてみるとどうなるでしょうか。ハイスペックなオフィスビル，ラグジュアリーなホテル，コンベンション施設，使い勝手のよい国際空港，外国人が暮らしやすい生活環境，外国企業が進出しやすいビジネス環境…これらは世界都市として当然備えていなければならない本質機能ですが，現時点ではシンガポールや香港といった競合相手と互角かやや劣っているというところでしょう。
だからこそ，まずは本質機能の充実に注力しようということなのですが，競合相手も当然これらの機能の強化には引き続き力を注いでくるでしょうから，なかなか決着がつかない，際限のない競争となります。**つまり，こうした本質**

機能を巡る競争は手を抜くわけにはいかない半面，それだけではなかなか決定打にならないというジレンマがあるのです。

3　東京のプレミアム価値を再考する

感性価値としての「都市の魅力」

　そこで着目すべきなのが表層機能です。本質機能に関する競争は他の都市と同じ土俵でその優劣を競い合う同質的な競争ですが，表層機能を強化することは他の都市との差異を作り出す差別化戦略です。他の都市にはない，あるいは模倣されにくい，日本だけ，東京だけが持つ価値に着目するのです。これこそがまさに東京の「プレミアム価値」にほかなりません。

　前節までは「国際ビジネス拠点」「国際金融都市」など，もっぱらビジネスの目線から都市の国際競争力を議論してきました。しかし，例えば木村尚三郎・東京大学名誉教授は，世界都市の条件として「世界中の人がその都市に集まってくる生活上の魅力」「よそ者と地元民の区別がないということ」「さまざまなよそ者が集うことからくる知的刺戟に富んでいるということ」という3つの条件を提示しています（木村［1992］pp.69-71）。それぞれ「文化」「寛容性」「交流」といった言葉に置き換えられると思いますが，これらはいずれも統計データ等では十分に捉えきれない主観的・感覚的な価値です。**しかし，こうしたいわば「感性価値」もまた，都市の魅力を構成する重要な要素なのです。**

　こうした「感性価値」に着目して，都市の魅力をもっと感性の面から評価しようという調査，その名も「センシュアス・シティ（官能都市）・ランキング」が今話題を呼んでいます。HOME'S総研（当時）が2015年に公表したこの調査は，「共同体に属している」「匿名性がある」「ロマンスがある」「機会がある」「食文化が豊か」「街を感じる」「自然を感じる」「歩ける」という8つの「センシュアス」な指標を設定して，全国の都市を評価したのです（島原他［2016］pp.82-83）。同調査では，「センシュアス度」の高いまちほど住民の居住満足度や幸福実感度が高いという結果が得られたそうですが，この調査は統

計データ等を元に作成された従来型の都市ランキングでは見えてこなかった都市の魅力の構成要素を浮き彫りにしたことで高く評価されています。

界隈性とウォーカビリティ

　この感性価値としての都市の魅力というものについて，もう少し掘り下げてみていきましょう。ここでは代表的な主張を2つご紹介したいと思います。

　1つはジェイン・ジェイコブズ（Jacobs, J.）の「ジェイコブズの4条件」です。米国のジャーナリスト，ジェイコブズは1961年に出版した『アメリカ大都市の死と生』において，都市の魅力と活力の源泉には「多様性」があるとしたうえで，都市に多様性をもたらすために満たすべき4つの条件を提示しました。第1の条件は「さまざまな用途の混在」，第2の条件は「小さな街区と多くの街路」，第3の条件は「建てられた年代の異なる建物の混在」，第4の条件は「十分な人口密度」です（ジェイコブズ［1961］（黒川訳［1977］pp.172-173））。

　この4条件をまとめて一言で言い表すと「界隈性」ということになるでしょうか。住宅と商店と飲み屋が混在していて，古い建物もあれば新しい建物もあり，歩いていて楽しく，いつも人の賑わいがある…そんな雑然としていながら活気のあるまちが魅力的なのだと，今から半世紀も前にジェイコブズは看破していたのです。

　もう1つはヤン・ゲール（Gehl, J.）の「人間の次元」です。ゲールはデンマーク出身の建築家・都市デザイナーで，コペンハーゲンやメルボルン，ニューヨークなどのまちづくりに携わってきました。ゲールはその著書『人間の街』において，都市を「人間の次元（人間の身体や感覚に即した空間尺度）」で捉え直す必要があるとし，具体的には「生き生きした街」「安全な街」「持続可能な街」「健康的な街」という4つの目標を掲げました（ゲール［2010］（北原訳［2014］pp.14-15））。そして，目標実現の前提条件として彼は「歩行」ということを重視します。なぜなら，人は歩くことによって他の人やコミュニティと出会い，自由にまちとふれ合い，さまざまな経験をし，そしてなにより

も健康的な生活を送ることができるようになるからです。

　こうした「まちの歩きやすさ」はウォーカビリティとも呼ばれています。都市のウォーカビリティは「適切な人口密度」「歩行者に優しいデザイン」「土地利用の多様性」の３つの要素から構成され，それぞれの頭文字をとって「ウォーカビリティの３Ｄ（density, design, diversity）」と呼ばれていますが，これはジェイコブズの４条件と共通するところが多いことに気づかれると思います。ジェイコブズとゲールの間には約半世紀の時間的な隔たりがありますが，その主張 – 都市の「界隈性」と「ウォーカビリティ」– は同じコインの裏表のような関係にあるのです。

東京にも魅力的なまちはたくさんある

　さて，ジェイコブズやゲールが言うような界隈性とウォーカビリティに富んだまちですが，東京にはそうしたまちがたくさんあるじゃないかと思われた方も多いのではないでしょうか。確かに，下北沢，吉祥寺，谷根千（谷中・根津・千駄木），神楽坂，代官山，表参道，武蔵小山，高円寺，阿佐ヶ谷，戸越，人形町など，山の手から下町まで，界隈性があって歩きやすく，それぞれに個性的な魅力にあふれたまちは，それこそ枚挙に暇がありません。私たち日本人がそう思うだけではなく，最近ではこれらのまちを訪れて日本人の日常のライフスタイルを体験したいという外国人観光客も増えているようです。

　これらのまちは，私たちにとっては日常的に行き来するまち，いわば「ふだん使い」のまちなので，あまりにも当たり前すぎて特段の魅力を感じることは少ないのかもしれません。しかし，こうした界隈性に富んだまちは，長い時間をかけて多くの人々の関わりのなかで醸成されてきた複雑性と多様性をその魅力の源泉としています。そのため，例えば冒頭に述べたような都市再生プロジェクトにおいて，同じような雰囲気を持った街区をゼロから新たに（＝計画的に）創出することはかなり難しいとみてよいでしょう。

　だからこそ，こういうセンシュアスなまちが持っている潜在的な価値というものを，私たちは改めて見直す必要があるし，もっと大事に扱うべきなのでは

ないでしょうか。**都内の各所にあるそれぞれに個性的なまちが，全体として東京という都市の多様な魅力を構成しているのだという事実を，私たちは再認識する必要があります。**

ローカリティというプレミアム価値

　世界標準の都市機能を巡る競争だけでは，都市は均質化の方向に向かいます。グローバリゼーションによって世界はフラット化していくからです。一方，固有の歴史や文化に根ざした都市の個性的な魅力－ローカリティ－に磨きをかけていくことは他の都市との差別化になります。ニューヨークやロンドンは国際的なビジネス拠点ですが，界隈性が高くウォーカブルでセンシュアスな魅力に満ちています。世界都市となるためにはグローバリティとローカリティの両面の充実が必要なのです。

　さらに言えば，ローカリティは文字通り地域固有のものですから，スペックを争う同質化競争とは本質的に異なります。**ローカリティというプレミアム価値を巡る競争であれば，シンガポールや香港，さらにはニューヨークやロンドンに対してさえも十分互角に戦えるポテンシャルを東京は持っているはずです。**

4　公共空間の質を高める

ニューヨーク市の戦略

　界隈性やウォーカビリティといった都市の快適性，住み心地のよさを「アメニティ」と呼びますが，都市のアメニティを充実させていくための具体的な方策を考えるうえで，ニューヨーク市の取組みがとても参考になります。

　ニューヨーク市はブルームバーグ前市長時代の2007年に長期計画「plaNYC」を策定しました。「plaNYC」は，人口が増加する中でインフラの老朽化が進む現状において，気候変動に対処しつつ経済の活性化と住民の暮らしの質の向上を図るための具体的な方針をとりまとめたものです。「plaNYC」では，住宅，エネルギー，交通，大気，水質などの諸分野において，2030年までに達成すべ

き10の戦略目標が提示されているのですが、そのうちの1つに「すべてのニューヨーク市民が自宅から徒歩10分以内で公園にアクセスできるようにする」という目標が掲げられているのです。先に触れたヤン・ゲールもこの計画に関わっていたそうですが、それにしても、公園の充実がニューヨーク市の重要施策として位置づけられていることには驚かされます。

都市には公園が必要だ

「plaNYC」は、グローバルな都市間競争が激化する中で、ニューヨークが今後も世界からアイデアや富をひきつける都市であり続けるためには、有能な人材が集まるような環境をつくらなければならないとしたうえで、そのために必要な条件として「機能的で費用効果の高い社会基盤」と「生活の質（quality of life）」の2つを挙げています。このうち「生活の質」については、企業経営者がどこにオフィスを構えるか、有能な人材がどこに住みたいかを決める際の重要な要素であるとしたうえで、「彼らはすばらしい公園やきれいな大気を〈飾り（frill）〉だとは考えない。」と述べています。

このように、ニューヨーク市は、公園に象徴される都市アメニティがグローバル都市間競争における重要な差別化要因の1つであると明確に認識しているのです。界隈性やウォーカビリティという観点からも、まちなかに公園やオープンスペースが点在していることがまちの魅力の向上に寄与することは言うまでもありません。

米国の社会学者、レイ・オルデンバーグ（Ordenburg, R.）は、都市における「インフォーマルな公共生活の中核的環境」、つまり地域の人々が自由に集い、自然体でくつろぎながら時間を過ごすことができる、地域コミュニティの核となるような公共の場所ーとびきり居心地よい場所（グレート・グッド・プレイス）ーが必要だと唱え、そうした場所を家庭（第一の場所）、職場（第二の場所）と並ぶ第三の場所ということで「サードプレイス」と名付けました（オルデンバーグ［1989］（忠平訳［2013］pp.57-60））。

「plaNYC」が言う「自宅から徒歩10分以内」で行ける公園、つまり自宅の

写真 4-1
ハイライン
出所：筆者撮影

近くにあって地域コミュニティの住民が多く利用するような公園もまた，こうしたサードプレイスの一種なのです。

東京には公園が足りない

さて，このようにニューヨーク市は都市の魅力を構成する要素として公園を非常に重視しているのですが，では東京の公園の現状はどうなっているのでしょうか。まず「量」についてですが，人口1人当たりの公園面積でみると，ニューヨークの18.6㎡，ロンドンの26.9㎡に対して，東京23区はわずか4.4㎡と大きく水を空けられています（国土交通省［2017］）。もちろん東京のような人口密度の高い都市で公園用地を確保することは容易ではありませんが，それはニューヨークやロンドンも同じはずです。

そのニューヨークでは，タイムズスクエアから車を排除して広場化したり，ブルックリンの港湾区域を公園（ブルックリンブリッジ・パーク）として再生したりと，さまざまな工夫を凝らしながら公園やオープンスペースの整備拡充を進めています。廃線となっていた高架の貨物線を公園にリノベーションした〈ハイライン〉（**写真4-1**）もその1つです。

魅力に乏しい東京の公園

では，公園の「質」についてはどうかといえば，こちらもかなり見劣りがします。ニューヨークの公園と言えばセントラル・パークが有名ですが，それ以

第4章　公共空間の再生を通じた東京のプレミアム化　69

外にもブライアント・パーク（写真4-2）やユニオンスクエア・パークといった個性的な公園が市内に点在しています。ブライアント・パークは，巨大なスケートリンクが出現する冬季の大型イベント〈ウィンタービレッジ〉で有名ですし，ユニオンスクエア・パークは，近郊の農家などが新鮮な野菜などの食材を販売する〈グリーンマーケット〉という「市」が週に4回開かれるなど，どちらも市民のみならず観光客にも親しまれています。

　このように市民や観光客に親しまれ，いつも大勢の人で賑わっているニューヨークの公園に比べると，東京の公園はなんともさみしいものに思えてなりません。なかでも筆者がもったいないと思うのが新宿中央公園（写真4-3）です。新宿中央公園は周囲を西新宿の高層ビル群に囲まれた緑豊かな公園で，その景観だけを見れば，さながらブライアント・パークを彷彿とさせるものがあります。しかし残念なことに，この公園には常設の飲食施設が1つもないので

写真 4-2
ブライアント・パーク

出所：筆者撮影

写真 4-3
新宿中央公園

出所：筆者撮影

す。あるのは飲料の自販機だけ。これでは人が集まるわけがありません。

これに対してブライアント・パークは，面積は新宿中央公園の半分弱にもかかわらず，しっかりとしたレストランとカフェがあるほか，早朝から夜遅くまで営業しているコーヒースタンドが3つもあります。もちろん園内には公衆無線LANも完備されています。だから朝から晩まで公園内に人通りが絶えることがないのです。

ニューヨークの公園を支える制度

このようにニューヨークの公園が活況を呈している背景にはBID（Business Improvement District：ビジネス活性化地区）という制度があります。BIDとは，一定の区域において市が区域内の不動産所有者から固定資産税に上乗せするかたちで負担金を代行徴収し，その資金を原資として民間の「BID組織」に当該区域のまちづくり活動の諸業務を委託する制度です。

ニューヨーク市内には約70のBIDがあり，ブライアント・パークはその中でもアクティブなBIDとして知られています。ブライアント・パークのBID組織はブライアント・パーク・コーポレーションという非営利団体で，BID負担金収入のほか，園内のレストラン等からの賃料収入やイベント等の使用料収入，看板等の広告料収入などを財源として公園の管理運営を行っています。

BID負担金を支払う周辺の不動産所有者にとっては，公園の魅力が向上することが自身の所有する不動産の価値の向上につながるので，資金負担に一定の合理性があります。換言すれば，BIDとは地域のコミュニティが資金を拠出してBID組織という民間事業者に地域のマネジメントを委託し，地域の魅力向上とその波及効果という「価値」を成果として享受する仕組みであると言うことができます。

PPPによる公共空間の活性化

このように，東京の公園の状況はニューヨークに比べて量・質ともに大きく劣っているのですが，これは公園だけに限ったことではありません。欧米では

ごく当たり前の歩道上のオープンカフェを東京で見かけることはありません。東京のまちなかには多くの河川や運河が走っていますが、その岸辺はどこも味気のないコンクリートの護岸（俗に言うカミソリ護岸）で覆われています。これらの公園、道路、河川敷などを総称して公共空間と呼びますが、東京は公共空間の活用という点で大きく立ち後れているのです。

しかし、東京23区にある公園・道路・河川敷（水面含む）の面積を全部足し合わせると、なんと総面積の約33％にも達するのです（東京都［2013］）。**もちろん、公共空間には本来の用途や目的がありますから、すべての公共空間を他の用途で活用するというわけにはいきませんが、とはいえ地価の高いこの東京でこれらの資産をもっと有効に活用しない手はありません。**

幸いなことに、近年我が国にもPPP（Public-Private Partnership：公民連携）という考え方が浸透してきました。PPPとは、従来公共セクターが担ってきた公共施設の建設・運営や公共サービスの提供といった業務の一部を民間事業者に委ねることで、民間事業者の資金やノウハウ、効率性を公共事業・公共サービスに取り入れようという考え方です。こうしたPPPの概念に基づき、公園や道路、河川敷など、従来は民間事業者による使用が厳しく制限されてきた公的不動産について、規制緩和によって民間事業者が事業を営むことができるようになってきました。

東京の公園にも変化の兆し

例えば、公園は都市公園法という法律で規制されていますが、従来の都市公園法では建ぺい率は基本2％で、建築可能な施設の種類も限定列挙型で定められており、それらの施設（公園施設）の設置や管理運営の主体も原則地方公共団体に限定されていました。しかし、近年の都市公園法の規制緩和により建ぺい率は地方公共団体が条例で変更できるようになり、公園施設の設置や管理運営に民間事業者が参入できるようになりました。

こうした規制緩和の成果として、例えば、2012年には上野公園にカフェ〈スターバックス上野恩賜公園店〉がオープンし、2016年には南池袋公園（**写真4**

写真 4-4
南池袋公園
出所：筆者撮影

-4）にレストラン〈ラシーヌ ファーム トゥー パーク〉がオープンしました。

　上野公園のケースでは，事業者は敷地の占用使用料のほかに収益の一部を公園管理者に支払い，公園管理者はその資金を公園整備に充てるというスキームになっています。南池袋公園でも同様に事業者が収益の一部を公園管理者に納めますが，その資金は同時に設立された地域住民参加型の官民協働組織〈南池袋公園をよくする会〉の活動資金に充当されます。同会は公園を中心とした地域貢献活動やイベントの実施などに関わるとのことで，地域コミュニティの主導による「パークマネジメント」の先進事例として注目されています。

変化は河川敷や道路でも

　次に，河川敷についてみてみましょう。2013年，浅草・言問橋近くの隅田川の河川敷に〈タリーズ隅田公園店〉がオープンしましたが，これは河川法の規制緩和によって民間事業者が河川敷を占用使用することが可能になったことを受けて実現したものです。こちらも収益の一部を地域住民等で組織される〈隅田公園オープンカフェ運営連絡会〉に還元するスキームになっています。

　またこの規制緩和を利用して，民間事業者が河川敷にテラス（川床）を設置して飲食営業を行う「かわてらす」事業も進められています。2017年には，隅田川の清澄白河側にオープンしたホテル〈LYURO東京清澄〉（写真4-5）に，都内4件目となる「かわてらす」として国内最大級の広さを誇るテラスが併設され，ホテル利用者のみならず一般にも広く開放されています。

第4章　公共空間の再生を通じた東京のプレミアム化　73

写真 4-5
LYURO東京清澄
出所：筆者撮影

写真 4-6
旅する新虎マーケット
出所：筆者撮影

　道路については，都市再生特別措置法等の改正によって道路上に飲食施設等の設置が可能となり，これを受けて新宿の〈新宿三丁目モア4番街〉では道路上に民間事業者〈新宿駅前商店街振興組合〉によるオープンカフェが設置されました。また，港区の新虎通りでも，この規制緩和を利用して道路占用許可を得た地元のエリアマネジメント団体〈一般社団法人新虎通りエリアマネジメント〉が，歩道上に飲食・物販施設〈旅する新虎マーケット〉（写真4-6）を設置しました。このほかにも，池袋グリーン大通り，新宿副都心中央通り，大手町川端緑道，神田警察通りなど，都内各所で道路空間を活用した賑わいの創出に向けた社会実験が行われているところです。

公共-市民-民間の「三方よし」へ

　このように，地域コミュニティや民間事業者が担い手となった公共空間の利

活用が，ようやく東京でも動き始めました。これによって管理者である国や地方公共団体は，従来は収益を生まず管理コストを負担するだけだったこれらの公的不動産から占用使用料収入を得ることができるようになりました。一方，市民にとっては公共空間の利便性や使い勝手が向上するとともに，周辺エリアの魅力の向上という効果も享受できます。また，民間事業者にとっては公共空間における施設の管理運営という新たな事業機会が創出されたことになりますし，地域住民が公共空間の運営管理や賑わい創出のためのイベント等に主体的に関与するようになると，さらに利用者が増加することも期待されます。

つまり，公共セクター－地域住民－民間事業者の「三方よし」のwin-win関係が各地で形成されつつあるのです。

5　都市を養育する

まちを好きになることから始めよう

このように，少しずつではありますが，東京の，そして日本の公共空間はその姿を変えつつあります。しかも，従来のように公共セクターに建設や管理運営を任せきりにするのではなく，民間事業者や地域コミュニティがそのプロセスに主体的に関与していこうという気運も醸成されてきました。

アメリカのジャーナリストで都市問題の専門家であるロバータ・B・グラッツ（Gratz, R.B.）はこうした動きを「都市の養育（urban husbandly）」と呼んでいます（グラッツ [1989]（富田他訳 [1993] p.137））。我が国でも近年，「〈まちづくり〉から〈まち育て〉へ」ということが言われ始めていますし，エリアマネジメントという概念も定着してきました。「育てる」も「経営する」も，どちらも長期的で主体的なコミットメントというニュアンスを含んだ言葉です。

市民が主体的に都市の養育にコミットするようになると，そこに都市への愛着や誇り－シビックプライド－が生まれてきます。それこそが東京の「プレミアム価値」なのではないでしょうか。**なぜなら，私たち自身が住み心地がよい**

と思うまち，住んでいて楽しいと感じるまちは，きっと外国人の目にも住んでみたい・訪れたいと思わせるような魅力に富んだまちに映るはずだからです。

　世界都市を目指すという大仰な目標や都市間競争に勝つという悲壮感は，とりあえずいったん横に置いて，まずは自分たちのまちを好きになることから始める…案外それが世界都市への早道だったりするのかもしれません。

▶▶▶参考文献

木村尚三郎［1992］「十八世紀パリ・世界都市の誕生」高階秀爾・芳賀徹編『世界都市の条件』筑摩書房。
国土交通省［2013］「首都圏空港の機能強化について」。
国土交通省［2017］「平成27年度末都市公園等整備及び緑地保全・緑化の取組の現況」。
島原万丈＋HOME'S総研［2016］『本当に住んで幸せな街　全国「官能都市」ランキング』光文社。
東京都［2013］「東京の土地利用　平成23年東京都区部」。
森記念財団都市戦略研究所［2016］「世界の都市総合力ランキング2016概要版」。
Jan Gehl［2010］, *Cities for People,* Island Press.（北原理雄訳［2014］『人間の街』鹿島出版会）
Jane Jacobs［1961］, *The Death and Life of Great American Cities,* Random House, Inc.（黒川紀章訳［1977］『アメリカ大都市の死と生』鹿島出版会）
Ray Oldenburg［1989］, *The Great Good Place,* Da Capo Press.（忠平美幸訳［2013］『サードプレイス』みすず書房）
Roberta Brandes Gratz［1989］, *The Living City,* Simon & Schuster.（富田靫彦・宮路真知子訳［1993］『都市再生』晶文社）
A.T.Kearney［2017］"Global Cities 2017"
The City of New York［2007］"plaNYC"
The City of New York［2011］"plaNYC update April 2011"
PwC Global［2016］"Cities of Opportunity 7"
Z/Yen［2017］"The Global Financial Centres Index 21"

第5章 観光のプレミアム戦略
―― インバウンド6,000万人に向けて

　日本の地域に不足しているのは多様性です。とくに，ハイエンドと呼ばれる富裕層向けのホテル，レストラン，プライベートジェット機対応の空港，富裕層の多い欧米との直行便や大型クルーズ船の埠頭が不足しています。
　2016年の訪日外国人数は2,404万人にまで増加しました。しかし，富裕層や旅行支出額の多い欧米からの訪日客は多くはありません。
　日本においても数年前から，ようやく世界クラスのホテルの建設（リノベーションを含む）や本格的リゾート開発が始まりました。お寺や神社に宿泊する「宿坊」においても，1泊10万円以上のプレミアム化が始まっています。

1　量から質への転換が求められる日本のインバウンド

激増する訪日外国人数

　2016年の訪日外国人（インバウンド）数は2,404万人になりました。バブル発生の10年前である1980年には，わずか126万人でした。この間，19倍になりました。まさに「想定外」の事態です。
　2012年3月の「観光立国推進基本計画」で設定されていたKPIは，2016年にインバウンド1,800万人でした。その目標を軽く上回ったのです。同計画では，2016年の訪日外国人旅行消費額のKPIを3兆円としていましたが，3兆7,476万円となりました。こちらもミッションコンプリートです。
　かつては，インバウンドについては目標ではなく「高み」という奇妙な表現が使われていました。**要するに，2016年に2,000万人を上回るとは，当時，政府関係者ですら信じてはいなかったのです。**

JTBは2017年の日本のインバウンドを2,700万人と予測しています。国際情勢、為替レート、原油価格が安定していればという条件付きですが、2020年に2,500万人という「高み」も2017年にクリアできるでしょう。

　2016年に日本政府が設定した新しいKPIは、無謀とも思える2020年4,000万人、2030年6,000万人です。2020年には東京オリンピックもありますので、2020年に3,000万人後半になる可能性はあります。

　デービット・アトキンソン氏は、2030年に8,200万人を目指すべきと主張しています。さすがにこの数値をクリアするのは困難だと思います。また、短期間にインバウンドが急増するとインフラ整備が追いつかず、京都で市民がバスに乗れなくなるような社会問題を引き起こしてしまいます。

　4,000万人は、2015年のランキングに当てはめると、フランス、アメリカ、スペイン、中国、イタリアに次ぐ世界6位、6,000万人は世界4位に該当します。だとすれば、必ずしも不可能ではないかな、と思われるかもしれません。

陸路のないニッポン

　ところが、空路・水路からのインバウンドに限定して（陸路でのアクセスである鉄道、バス、乗用車、自転車、徒歩などを除く）2013年の統計に当てはめると、4,000万人はスペイン（4,792万人）、アメリカ（4,083万人）に次ぐ3位、6,000万人は世界1位です（観光庁調べ）。フランスですら4位の3,068万人ですので、2020年に4,000万人というインバウンド目標はなかなか高いハードルです。空路・水路からのインバウンド6,000万人は、もはや前人未到の領域です。

　海外からのアクセスが空路か水路だけの日本は、欧米やアジアの諸国・地域とは地理的条件がまったく異なっているのです。

日本には人気のホテルがない

　世界最大の旅行口コミサイトである「トリップアドバイザー」は、2017年の「人気の高級ホテルトップ25」、「人気ホテルトップ25」、「サービスで人気のホテルトップ25」、「ロマンチックなホテルトップ25」を公表しました。残念なが

ら，日本のホテルはこれらのランキングには入っていませんでした。

「人気の小規模ホテルトップ25」の12位に，京都市の「ホテルムメ」が唯一ランクインしています。

日本には超高級ホテルがない

ウェブサイト「The most expensive hotel rooms in the world」（Dec, 2016）によると，宿泊費の高いホテルランキング上位15位に入るには，1泊28,000ドル以上の宿泊費でなければならないとのことです。

1ドル110円で換算すると，1泊308万円です。日本の高級ホテルのスイートルームにも，1泊200万円前後の部屋がようやく現れてきたようですが，そのほとんどは1泊数十万から，高くても1泊100万円前後です。

1位となったニューヨーク・マンハッタンにあるGrand Penthouse At The Markのスイートは，1泊9万ドルから10万ドルです。日本円で1泊990万円から1,100万円です。

アメリカの『フォーブス・トラベルガイド』の2017年度のホテル格付けでは，マンダリンオリエンタル東京，パレスホテル東京，ザ・ペニンシュラ東京の3つのホテルが5つ星に選ばれています（世界では22軒）。評価基準に「礼儀正しさ」「思慮深さ」「個別的対応」も含まれていたため，東京のホテルに有利になったようです。

第一級世界都市といわれてきたロンドン，ニューヨーク，パリ，東京のなかで，宿泊費が最も低い都市は東京です。世界の人気観光地の平均宿泊費は，ニューヨーク39,100円，ロンドン29,000円，パリ25,600円に対して，東京（23区）は8,400円でした（トリップアドバイザー調べ，2017年3月1日〜8月31日）。

日本には上客が来ない？

すでにみてきたように，2011年以降，訪日外国人数は激増しました。しかし，富裕層，上客についていえば，まだまだ課題が残されています。

アトキンソン氏によると，国民1人当たり観光支出額は，1位オーストラリア，2位ドイツ，3位カナダ，4位イギリス，5位フランス，6位イタリア，7位ロシアです。オーストラリア人は，1人当たりでみると中国人の13倍を観光に支出しています。

　アトキンソン氏は，観光支出額上位の国の人たちが日本にあまり訪れていないことを日本の観光の問題点としています。それに対する反論として，「アジアはヨーロッパから遠いから」という答えがすぐに浮かびます。ところが，タイと日本を比較すると，8倍（フランス）から25倍（ロシア）も，タイを訪問するヨーロッパ人の方が多いのです（2014年）。

　タイのインバウンド数は2015年に2,989万人で，日本の1,974万人よりも1千万人以上多かったというのも，この格差の背景にあります。しかし，それだけでは8倍から25倍の差の説明はつきません。

　世界観光機関によると，2015年の国際観光収入は，タイが446億ドル，日本は250億ドルで，外国人観光客1人当たり国際観光収入では物価，人件費の安いタイの方が日本を上回っています。

欧米からの訪日観光客は増えるのか？

　2016年の日本のインバウンドの上位3カ国・地域は，中国（637万人），韓国（509万人），台湾（417万人）でした。上位3カ国・地域だけでインバウンドの65％を占めています。

　それでも延べ宿泊者数でみると，2016年には前年比でイタリア33％，スペイン26％，アメリカ14％，ドイツ11％，フランス8％，カナダ8％と，訪日外国人延べ宿泊者数の伸び率である6％を上回りました。逆に，中国は3％，台湾は1％の低い伸び率にとどまりました。しかし，2017年1〜3月の統計では，ヨーロッパ人の延べ宿泊者数の伸び率は外国人全体の伸び率を下回っています。

　アトキンソン氏のいうように，日本は欧米からの「上客」の受け入れについてももっと力を入れるべきです。そのためにはまず，羽田空港，成田空港，関西国際空港の欧米便を増やす必要があります。

2　ニッポンの空港問題

日本の空港には欧米便が少ない

　アトキンソン氏のいう「上客」が日本には少ない。それは，当然といえば当然です。成田空港，羽田空港，関西国際空港，中部国際空港という日本の国際ハブ空港に欧米への直行便が少ないからです。

　長年にわたる羽田空港の容量制約があり，国際便と国内便を空港別に切り分けるという不可思議な空港政策に加え，フラッグシップである日本航空の経営破綻もあり，日本は欧米便が少なくなるという悪循環に陥っていました。

　日本の空港で国際線が最も多いのは成田空港です。成田空港の国際線旅客数は近年増加傾向にあるとはいえ，香港国際空港の6,807万人（世界3位），シンガポール・チャンギ空港の5,409万人（世界6位）に対して，3,055万人（世界17位）にとどまっています（2015年）。

　シンガポールの人口は，千葉県の人口よりも少ない540万人（2013年）にすぎません。成田空港の国際線旅客数は対前年比3.2％増加しましたが，世界ランキングでは16位から1つ順位を落としました。アジアでは7位です。

　ドイツのミュンヘン空港の国際線旅客数は世界15位で，成田空港よりも多くなっています。ミュンヘン市の人口は福岡市よりも少ない140万人です。

　世界1位はドバイ空港，2位はロンドン・ヒースロー空港，3位は香港国際空港，4位はシャルルドゴール空港（フランス），5位はアムステルダム・スキポール空港（オランダ）です。

北米便に強い成田空港

　日本はアジアのなかではアメリカに近いという地理的優位性があり，成田空港は東南アジアのハブ空港と比較して北米便に強みを持っています。しかし，欧州・中東便はアジアの主要空港よりも少なくなっています。

　実は，羽田空港の再国際化や，アメリカ本土からのアジアの主要空港への直

行便の増加もあり，成田空港の北米便は，米系航空会社で減便されてきており，2010年以降は減少傾向にあります。

　成田空港の北米便の減少は羽田空港での増便で補われていますが，欧州・中東便は，羽田空港でも2015年の冬ダイヤの78便/週から，2016年冬ダイヤに78.5/便へと0.5便増えただけです。

　つまり，成田空港と羽田空港を合算しても，香港やシンガポールの空港の欧州・中東便に追いつけないのです。

スイスの山村の国際航空ネットワーク

　人口810万人のスイスは，世界から富裕層の観光客を集めているとして注目されています。その背景には，国際列車だけでなく国内外に国際空港が多いという地理的優位性があります。スイスのチューリッヒ空港の国際旅客数は2,561万人（世界21位）で，関空や羽田，中部よりも多くなっています。

　A.T.カーニーが公表した，将来影響を持つ都市を予測した「世界都市展望（Global City Outlook）」では，スイス・ジュネーブの16位に対して，東京は19位にとどまりました（A.T.カーニー「2016年度グローバル都市調査」）。

　スイスの山村ツェルマットのプレミアムな観光戦略を可能にしている基礎条件は，マッターホルンの存在だけではありません。ツェルマットには，チューリッヒ空港から3時間30分（230km），ジュネーブ空港から2時間32分（230km），さらに隣国イタリアのミラノ・マルペンサ空港からも2時間42分（192km）と，3つの国際空港に囲まれているという優れた地理的優位性があるのです。

欧米便の減少に歯止めをかけよ

　2017年4月1日，39年ぶりに日本航空の羽田―ニューヨーク便が復活しました。2016年度末に，公的資金で経営再建をしたことによる制限が解除されたためです。その代わりに成田―ニューヨークは減便となりますが，機材は大型化されますので座席数は増加します。この便の特徴は，夕方4時頃に羽田空港に

到着するため地方空港への乗り換えが便利な点にあります。

　関空では国際線旅客数が増加して、大阪での外国人観光客による爆買いを支えています。2016年10月から2017年の3月にかけての冬ダイヤでみると、国際線は対前年比で43便増加して1,131便となり、過去最高となりました。しかし、欧米便に限ると7便減少し、週に22便で過去最低となりました。関空の欧米便が減便されてきたのは、ファーストクラス、ビジネスクラスの上客が少ないためです。福岡空港に欧米便が過去何度も就航したものの、撤退に追い込まれたのも同じ理由です。

　関西国際空港を運営する関西エアポートは、2017年4月から欧米便などの中長距離便の新規路線については、初年度の着陸料を無料にすると発表しました。

　LCC中心の近距離のアジア便と異なり、欧米便を増やすためには、富裕層をターゲットにしなければなりません。プレミアム地域創生にとっての必須条件は、羽田空港、成田空港、関西国際空港における欧米便の増便です。伊丹空港に欧米便を再就航させるという英断も求められます。

実は世界観光ランキング4位の日本

　いろいろと問題点ばかり指摘してきましたが、それでも日本の「旅行・観光競争力ランキング」は上昇傾向にあります。

　世界経済フォーラムが公表した「2017年版　旅行・観光競争力ランキング」によると、日本は過去最高の4位となりました。日本よりも上位にいる国は、前回の2015年版でも上位を占めていた、スペイン、フランス、ドイツです。日本は、スイス、イタリア、アメリカを抜くという快挙を成し遂げました。

　2013年の22位、2014年の14位、2015年の9位から、2017年の4位にまで上昇した背景には、日本の安全（テロの危険性や殺人件数の少なさ）、衛生や医療面、「客の接遇」に対する高い評価があります。とくに、「Cultural Resources and Business Travel」の評価点は6.4で、スペイン6.9、フランス6.7、イタリア6.5に次ぐ4位でした。また、東京は「安全な都市指数2017年」で世界で最も安全な都市に選ばれています。

「旅行・観光競争力ランキング」では，日本文化が高い評価を受けているのです。これを付加価値化しない手はありません。

訪日外国人の少ない山陰，北陸，四国，東北

日本における2016年の延べ宿泊者数は，前年比2％減の4億9,418万泊となりました。外国人宿泊者数は8％増えましたが，日本人は3.5％減でした。観光庁の統計には，小規模な宿泊施設，民泊，夜行の高速バスやフェリー，友人宅，キャンプなどの宿泊は含まれていません。いま流行りの民泊などを含めれば，外国人観光客の延べ宿泊者数はもう少し高い伸び率だったと思われます。クルーズ船での訪日が増えていることも，外国人宿泊者数の伸び率を低くしています。

いずれにせよ，訪日観光客の少ない地域の観光業は苦戦していることは明らかです。訪日外国人宿泊者の少ない県は**図表5-1**にあるように，山陰，北陸，四国，東北の県です。この数年，全国平均を上回る伸び率を示す県が増えていますが，その水準自体は，図表5-1にあるようにまだ極めて低い状態です。

国際線の多い新千歳空港，中部国際空港，福岡空港，那覇空港のある北海道（692万泊），愛知県（232万泊），福岡県（267万泊），沖縄県（448万泊）は外国人宿泊者数が多く，東京都，大阪府に次ぐ水準となっています。

東北，北陸，山陰，四国の地域は，上客や富裕層の誘客以前の問題，すなわ

図表 5-1 2016年訪日外国人宿泊者数（都道府県ランキング）

1位	東京都	1,806万人
2位	大阪府	1,026万人
3位	北海道	692万人
43位	高知県	7万人
44位	徳島県	7万人
45位	秋田県	6万人
46位	島根県	6万人
47位	福井県	5万人

出所：観光庁「宿泊旅行統計調査」平成29年3月3日。

ち，外国人観光客の誘客という問題があります。福井県には福井空港があります。しかし，福井空港には国内便を含め，定期便が1便も就航していません。2番目に少ない島根県には3空港ありますが，国際定期便は就航していません。外国人観光客を増やすために，地域の空港に国内外のLCCや関空，成田便を誘致すべきです。

3　富裕層にロックインせよ

世界一の美食都市東京

　2015年9月，アメリカの『サブール』誌で，東京は「世界ベストフードシティ」に選ばれました。日本食だけでなく，イタリアン，フレンチや中華料理においても，東京のレストランは世界的に高い評価を得るようになっています。

　パリやニューヨークよりも，東京の3つ星レストランや星のついたレストラン数が多くなってます。しかし，東京都内のレストラン数はパリの10倍近くありますので，単純には比較できません。

　実は，トリップアドバイザーの「人気の高級レストラン」上位25位のなかには，日本のレストランは1つも入っていません。イギリスの雑誌『レストラン』による2017年の「世界のレストラン・ベスト50」には，18位に「ナリサワ」，45位に「傳」がランクインしました。

格安な「宿坊」

　訪日外国人の目的は「爆買い」から「体験」へと変化してきています。「日本ならではの体験＋プレミアムな宿泊」の組合わせとして注目されるのは，「宿坊」です。「宿坊」は，もともとは僧侶などが宿泊する施設だったのですが，平安時代頃から参拝者や武士も宿泊するようになり，門前町の観光にも影響を与えるようになりました。比較的安価な宿泊料金で精進料理をいただいたり，講和を聞いたりするという特別な体験もできます。

　そのため，「宿坊」の宿泊費は素泊まりで3千円から4千円，朝食付きで

5千円から8千円程度で，信者や観光客のためのいわば格安の宿として利用されてきました。

フランス人に人気の高野山

ヨーロッパ人，とくにフランス人に高野山が人気となっています。高野山の「宿坊」に泊まり，精進料理を楽しむのが通の観光のようです。

2005年に高野山を訪れた外国人は約1万人でしたが，2014年には5万5千人にまで増加しています。高野山は2004年に世界遺産に登録され，2009年には，「ミシュラン・グリーン・ガイドブック」で3つ星を取りました。

実は，1973年に高野山の「宿坊」に泊まった人は92万人もいたのです。その後，信者数や末寺数の減少に伴って，2014年には27万人にまで減少しました。その減少数を埋め始めたのが，外国人観光客です。今では，高野山の「宿坊」に宿泊する人の5人に1人は外国人になりました。高野町のホームページは，日本語を含めると8言語表記となっています。

高野山が人気になったのは，ミシュランガイドの高い評価や世界遺産指定だけではありません。これらの高い外部評価に恥じないように，2008年に高野町は景観条例を制定し，和歌山県内の自治体で初めての「景観行政団体」になりました。商店街のファサード化や無電柱化，英語表記，Wi-Fiの整備など，外国人対応の街づくりを積極的に進めてきたことも，外国人宿泊者数の増加に対して，プラスに作用しています。

富裕層向け「宿坊」の誕生

日本には現在，約7万7千の寺院，約8万5千の神社があるとされています。富裕層向けの「宿坊」の設置や運営が可能な寺院や神社は，京都だけに限らず全国各地にあります。

宗教施設と宿坊経営，宿坊に投資するファンドとの間にはフリクションも予想されますが，日本の文化の世界的な発信，富裕層の誘客，地域の観光業の発展などにつながる，富裕層向けの多様な「宿坊」への期待は高まっています。

京都は，「トラベル・アンド・レジャー2016ワールドベストシティ　トップ10」の6位（2014年，2015年は世界1位）に，イギリスの『モノクル』誌では，2017年「世界の住みよい都市ランキング」の12位でした。フォーブス誌の2017年版「世界で最もロマンチックな都市20」にも選出されています。

京都は世界的な都市としてのブランドを確立したがゆえに，都市というOS上で行われる飲食，宿泊，お土産品というコンテンツの価値を高めることができるのです。

永平寺門前の再構築プロジェクト

永平寺は福井県吉田郡永平寺町にある曹洞宗の寺院です。曹洞宗の総本山の1つで，1222年に道元によって開山されました。

永平寺と森ビルという一見奇妙な関係は，東京都港区愛宕にある曹洞宗の青松寺での愛宕グリーンヒルズの建設から始まりました。森ビルは2012年から永平寺の総合コンサルティングを担当していますが，本プロジェクトでは，基本計画の策定を担当しています。

外国人も宿泊しやすい宿坊は，永平寺が13億円で建設します。県は，永平寺川の護岸を石積みの改修や橋の架け替えを4億円で，町は360mの参道の石畳化と無電柱化，トイレなどの設置に約6億円を支出します。総事業費は，22億7千万円で，2019年秋の完成を目指しています。

このプロジェクトの目的は，1600年の古地図をもとに永平寺川沿いの旧参道を再生することです。1989年の140万人から2014年に47万人にまで減少した観光客を，2025年に80万人まで増やすことを目的としています。

ビジネスジェットの受け入れに失敗した日本

日本人にはなかなか理解できないのですが，富裕層や多国籍企業のCEOはプライベートジェットやビジネスジェットで国内外を移動しています。日本には，そのための滑走路や施設，CIQの特別対応という発想がなかったのです。

東京都が危機感を抱いてまとめた報告書が，「首都圏におけるビジネス航空

の受け入れ体制強化に向けた取組方針」(2010年11月) です。2007年から2009年にかけてドイツで25％，フランスで28％，イギリスで31％，中国で56％増加したのに対して，世界の主要国のなかで日本だけ2％減少したことが明らかにされています。

　日本の保有機数は2009年12月時点でわずか55機。アメリカの17,905機はもとより，カナダ1,068機，ドイツ644機，イギリス611機の1/10以下でした。

　IBMは世界会議を東京で開催しようとしたところ，首都圏空港でのビジネスジェット機の着陸要望が受け入れられず，会議開催地を香港にしたこともこの報告書に記載されています。私の記憶が正しければ，日本政府は新千歳空港に着陸して欲しいと伝えたようです。

ビジネスジェット枠の拡大

　全米ビジネス航空協会は2000年に，羽田空港と成田空港のビジネスジェット機の着陸枠についての要望書をアメリカ運輸省に提出しました。当時のアメリカの運輸長官は，日本の運輸大臣と面談し申し入れを行ったとされています。にもかかわらず，日本側は迅速な対応をしなかった（できなかった）のです。

　「ジャパン・パッシング」を促進してきたのは，日本自身です。シンガポールのマイジェット社のCEOは，**「日本は，ビジネス機運行に関しては非常に遅れている。彼らはプライベートジェットという概念をまったく理解できていない。許可を取るのはとても難しく，柔軟性はなく，料金はとてつもなく高い」**（東京都「首都圏におけるビジネス航空の受け入れ体制強化に向けた取組方針」，p.8）と辛辣なコメントをしています。

　2012年3月，成田空港にようやくビジネスジェット専用ターミナル「Business Aviation Terminal-Premier Gate-」が完成しました。1日に8枠だった羽田空港のビジネスジェット用の着陸枠は，2016年3月から16枠に拡大しました。報告書で示されているように，将来的には横田基地の活用も必要でしょう。

　何度も繰り返して恐縮ですが，本当にようやくです。東京での国際会議件数や富裕層の訪日客の少なさは，ビジネスジェット枠の少なさと関係しています。

日本の保有機数は，2015年3月にようやく85機にまで増えました。双日，丸紅，伊藤忠，トヨタ，鈴与の関連会社などが，ビジネスジェットの事業を拡大しています。

2015年のビジネスジェット機の着陸料が高い世界ランキングで，1位羽田空港，2位成田空港，3位関西国際空港と，日本の空港が金銀銅を独占しました。

日本でビジネスジェットの普及が遅れてきたのは，規制による高コストだけではなく，日本の企業や富裕層が「ビジネスジェットやプライベートジェット機の利用は贅沢だ」という批判を恐れてきたからだと言われています。

なお，ビジネスジェットは小型機とは限りません。ボーイング社は，B747やB787のビジネスジェット仕様を販売しています。エアバスのA380をプライベートジェット機に使用しているアラブの王族もいます。

コラム　究極の飛び道具（水陸両用機）

空港のみならず，離着水できる地点があれば旅客輸送できるという水陸両用飛行機の特性を活かした事業が開始されました。瀬戸内海の遊覧飛行を中心とした事業を展開している「せとうちシープレンズ（https://setouchi-seaplanes.com/）」です。使用している機材は，アメリカQuest社製の10人乗りKODIAK 100（水陸両用）です。

写真 5-1
水陸両用機のKODIAK 100
出所：せとうちシープレンズ提供。

> 　驚くべきことに，2015年，せとうちシープレンズの親会社である「せとうちホールディングス」は，このQuest社を買収し子会社にしています。
> 　チャーター便の運航としては，オノミチフローティングポートから広島空港までは約15分，関西国際空港までも約1時間の飛行時間です。
> 　水陸両用の航空機によるフライトは，これまでアクセスに時間のかかったエリアへの短時間での移動を可能にするでしょう。

海外の富裕層向けの別荘

　西武ホールディングスは，プリンスホテルが所有する「軽井沢千ケ滝別荘地」の690haの土地に，1区画1,000㎡から1,200㎡の5,200区画の別荘地を海外の富裕層に分譲します。近くにはプリンスホテル系列のスキー場，ゴルフ場，ショッピングセンターがあり，それらの施設との相乗効果を狙っています。

　さらに西武HDは，2019年度から富裕層向けに全国20カ所程度で会員制ホテルも建設する予定です。

北海道リゾートのプレミアム化

　日本にあるのに「ウィンザー」という名称はどうなのかと揶揄されることもある，洞爺湖の「ザ・ウィンザーホテル洞爺リゾート＆スパ」は，2012年から2015年にかけて一部客室の面積を2倍にして，アジアの富裕層の宿泊客の集客を目指しました。現在，このホテルは明治海運の子会社となっています。

　加森観光（本社札幌市）は，ルスツリゾートに200億円を投資してコンドミニアム250戸などを建設し，2018年から海外の富裕層に販売する予定です。ルスツリゾートは，2016年に北海道で初めてウェスティンブランドのホテルを誘致しています。

　東急リゾートサービスは，2016年12月に倶知安町比ヒラフ地区で「綾ニセコ」というコンドミニアムを建設しました。最上階の専有面積370㎡のペントハウスは，6億円で販売されました。すべての部屋が完売しています。

　北海道はブランド総合研究所の「47都道府県魅力度ランキング（2016年版）」

で8年連続1位となっており，世界最大の旅行本である「ロンリープラネット」による2016年「Best in Asia」ではアジア1位に選ばれています。

富裕層向け高級リゾート

　森トラストの森章会長が個人出資したMAプラットフォームは，北海道苫小牧で敷地面積1,057haのリゾートを建設すると公表しました。総事業費600億円で2020年に部分開業の予定です。

　40棟のコテージは，1区画8,000㎡の土地に2階建ての延べ床1,000㎡の建物がイメージされています。海外の富裕層の長期滞在を対象としています。

　先日，本社で社長からお話をお聞きする機会がありましたが，開発面積はわずか47haで，残りは自然の森として保全し，ホーストレッキングやフットパスなどの自然体験型観光と医療ツーリズムを考えているということでした。新千歳空港から約15分と近く，周辺にスキー場やゴルフ場も多いことが利点です。

　また，大分県別府市でもインタコンチネンタル・ホテルズ・グループが2019年夏に欧米の富裕層対象の高級リゾートホテルを開業予定です。韓国のホテルロッテの子会社も新潟県妙高市のリゾートを改装し，2017年12月に「アジア最高のスキー場」をコンセプトとした，敷地面積209haの「ロッテアライリゾート」として開業します。開業に合わせて，大韓航空は2017年10月31日から新潟―仁川便を週3便から4便に増便することを発表しました。

下地島空港の再開発事業

　沖縄県は2017年3月に宮古島市の下地島空港の新たな活用に向けての事業について，三菱地所とFSO（本社沖縄県北谷町）との間で基本合意書を締結しました。三菱地所は現在使用されていない下地島空港に平屋のターミナルビルを建設し，FSOは国内のみならず，台湾，中国，香港からパイロットの訓練生を受け入れ，2021年度に73人の操縦士免許取得を目指します。

　宮古島市には6つの島があります。下地島は伊良部島と橋で結ばれており，伊良部島は宮古島と橋で結ばれていますので，陸路で下地島から宮古島に行く

ことができます。

　現在使用されている宮古空港の滑走路は2,000mですが，下地島空港の滑走路は3,000mあり，大型機の離発着も可能です。東南アジアのリゾート地のように，欧米からのチャーター便も誘致できます。三菱地所は下地島空港に国内外のLCC路線を誘致し，2025年には旅客数57万人を目指すとしています。国内外のプライベートジェット機の受け入れにも力をいれるようです。

　現在，宮古空港には国際線は就航していません。それでも，2015年の宮古空港の乗降客数は134万人で，全国23位でした。岡山空港とほぼ同じで，高知空港や新北九州空港を上回っています。

人口が増加する沖縄の離島

　1920年には宮古圏域の人口が5万3千人，石垣島のある八重山圏域の人口が3万2千人でした。94年後の2014年度，八重山圏域の人口は5万3千人と宮古圏域の人口とほぼ同じになりました。

　この背景には，八重山圏域の方が先にプレミアムなリゾート地となったことが影響しています。新しい石垣空港の建設には多くの反対運動がありましたが，2013年から滑走路2,000mの新空港になり，羽田からの直行便が就航できるようになりました。石垣空港の2015年の乗降客数は，全国15位の228万人で神戸空港の次です。香港，台湾との国際線も就航しています。

　2015年のクルーズ船寄港回数は，石垣港84回に対して宮古島にある平良港はわずか13回で，大きな格差がありました。しかし，2016年には，それぞれ144回，109回にまで増加し，その差は35回になっています。2017年の平良港への寄港回数は，200回近くにまで増加すると見込まれます。

　平良港は，国土交通省の「官民連携による国際クルーズ拠点」に選定されました。2020年には，現在は「沖泊」せざるをえない14万トン級の大型クルーズ船が接岸できる埠頭が完成予定です。クルーズ船社であるカーニバル社は，ターミナルの工事費7億円を負担します。将来年間300回寄港となる予定です。

　2016年のクルーズ船寄港回数は，港別ではなく県別にみると，沖縄県が387

回で福岡県の337回を上回り全国1位となりました。2017年の沖縄県への寄港予定回数は，2016年比で115回増の502回です。

　沖縄県は，2100年の宮古圏域の人口は5万4千人，八重山圏域の人口は，なんと7万1千人になると予想しています（『琉球新報』2014年11月23日）。内閣府は，2100年の日本の人口は，中位推計で4,959万人になると予測しています。沖縄県の離島の人口増加予測は本当に驚きです。

奄美固有の自然とリゾート開発
　鹿児島県の奄美大島にある名瀬港へのクルーズ船寄港回数は，2015年にわずか6回でした。那覇港，石垣港，平良港との間に大きな格差が生まれています。
　もちろん世界自然遺産に指定される可能性の高い，奄美固有の貴重な美しい自然は保全されるべきです。しかし，奄美大島の経済的自立のためには，さらなるクルーズ船の誘致や海外からのLCCの就航が必要だと思います。
　奄美市の人口は，1995年から2015年の20年間に5万3千人から4万3千人へと1万人減少しました。

4　総合力としての街・地域のプレミアム化

イチゴを食べたことがない！
　ずいぶん前のことですが，ある地方の委員会に出席した際に，地元で農家をされている委員からイチゴの差し入れがありました。おいしそうなイチゴを目の前にして，「今が旬なんですか」と尋ねたところ，意外な答えが返ってきました。「私はイチゴが嫌いだから，食べたことがない」。
　地元で消費しない高級イチゴを生産するだけではなく，地元のレストラン，パン屋さん，ケーキ屋さん，ホテル，旅館，食品会社，住民がイチゴを消費し，地域文化にまで高めることが重要だと思います。

「深み」を戦略に

　小麦粉を使った「粉もの」のB級グルメが人気を呼んだとしても，使用する小麦粉も豚肉も輸入品であれば地域への波及効果は限定されます。博多ラーメンの麺の原料が地元の「**ラー麦**」となれば，博多ラーメンの地域経済への波及効果は大きくなります。

　イタリアに行っておいしいピザやスパゲッティを食べたあとで，もしも小麦粉はアメリカ産，トマトは中国産，チーズはギリシャ産，ベーコンはドイツ産だと聞かされたら，みなさんはどんな気持ちになるでしょうか。

　「湖にスワン（2人乗りのペダル式のボート）が浮かんでいる観光地は魅力がない」という話をして，あとで近くの湖を見たら，誰も乗っていないスワンがたくさん浮かんでいたこともありました。

　地域の人たちが湖で，釣り，カヌー，ヨット，散策，スケート，花見，山菜取りなどで楽しむことが，プレミアムな観光地づくりの第一歩です。都会ではできない，その場所ならではの体験が「感動」を与えるからです。

街並みのプレミアム化

　京都市の屋外広告物条例は1956年に制定されましたが，事実上，適切な指導は行われていなかったのです。7年間の猶予期間を経て，2014年9月から全国で最も厳しい広告物規制が実施されました。規制逃れの新たな手法も出てきてはいるようですが，観光客には好評のようです。

　北海道のいにしえ街道や東川町，埼玉県の川越，千葉県の佐原，滋賀県の黒壁，大分県の由布院，熊本県の黒川温泉，岐阜県の白川郷などは，統一した景観で高い評価を得てきました。近年，岐阜県の柳瀬，東京都の巣鴨地蔵商店街，高野山の門前町，山口県の長門温泉（「星のや」によるマスタープラン），「日本でもっとも美しい村」連合，そして森ビルが協力した福井県の永平寺門前町の整備など，地域全体の景観の魅力を高めようとする地域が増えてきました。

　美しい，統一感のある街というOSがあってこそ，コンテンツとしての伝統工芸品，地域の食文化や高級旅館の付加価値を極大化が可能となるのです。

▶▶▶参考文献

大前研一［2016］『世界のリゾート＆ツーリズム徹底研究』good.book。
小池百合子・松原隆一郎［2015］『無電柱革命』PHP新書。
デービット・アトキンソン［2017］『世界一訪れたい日本のつくりかた』東洋経済新報社。
「特集　日本のリゾート」『週刊ダイヤモンド』2016年10月15日号ダイヤモンド社。
藻谷浩介・山田桂一郎［2016］『観光立国の正体』新潮新書。
山﨑朗・久保隆行［2015］『インバウンド地方創生』ディスカバー・トウェンテイワン（電子書籍）。

▶▶▶ホームページ

http://www.therichest.com/world-money/the-15-most-expensive-hotel-rooms-in-the-world/

第6章 第4次産業革命をプレミアム革命に
―― IoTと人工知能

　地域資源の潜在的価値を最大限引き出して，付加価値を高めるためには，新しいテクノロジーを活用する視点が重要です。第4次産業革命とは，今，まさに起きている，IoT（Internet of Things：モノのインターネット）の活用による"柔軟"な生産システムやサービス化のことです。柔軟とは，スマートフォンやタブレットなどのIT（Information Technology：情報技術）機器によって，リアルタイムで情報を把握して，顧客に提供できる商品・サービスの質を高める，という意味です。これから，すべての産業で商品・サービスの置き換え（リプレース）が発生します。IoTは，これまでの産業の垣根を越えて横断的につながっていく性質があるので，地域の中堅中小企業も含め，製造業からサービス業まで幅広い分野でさまざまなビジネスに応用できるツールです。

　本章では，IoTが企業にもたらす影響をプラスとマイナスの両面から整理して，ビジネスをプレミアム化している事例を，農林水産業，製造業からサービス業まで，各産業分野からピックアップします。その処方箋として，地域創生の視点から"洗練性とオリジナルの強み"の再構築に向けた，3つのステップを示します。

1　産業革命で今，起きていること

地域創生に向けたプレミアム戦略

　2010年代になって，ITによる第4次産業革命の一形態であるIoTが出現しました（図表6-1）。IoTは，つながる技術です。人や機械にセンサーやカメラが装着されてインターネットにつながることで，「今まで測定できなかった

図表 6-1	第1次～第4次産業革命（汎用技術／主導した国／時代）
第1次産業革命	繊維産業など，蒸気機関による工場の機械化／イギリス／18世紀後半
第2次産業革命	自動車産業など，ベルトコンベアによる大量生産／アメリカ／19世紀後半～20世紀初頭
第3次産業革命	自動車・電機産業など，コンピュータによる生産自動化／日本／20世紀後半
第4次産業革命	全産業，IoT活用による柔軟な生産システム・サービス化／ドイツ・アメリカ／21世紀前半

出所：各種資料より筆者作成。

データ」が測定できるようになります。この「今まで測定できなかったデータ」の部分がとても重要です。ゴールは，アナログからデジタルに変換したデータを統合して新たな付加価値，つまりプレミアムの価値を生み出すビジネスモデルを創ることです。ビジネスモデルとは，"誰がやっても"その成果に影響しない，事業で収益を上げるためのシステムです。

　現在，大企業ばかりでなく地域の中小企業にとっても，センサーやカメラの小型軽量化・低コスト化，ネットワーク環境の整備，ITベンチャーの台頭などと相まって，現場のさまざまなアナログの情報を付加価値に変える機会が到来しています。地域創生に向けた，プレミアム戦略への素地ができつつあるのです。

人類の歴史は可視化の歴史

　スポーツジムで利用者が増えてくると体調不良を訴える人が増える，という問題があったとします。解決策は，センサーで体調不良の原因となる温度・湿度などの条件を可視化（見える化）して，柔軟な空調管理を実現することです。利用者の満足度が高まり，リピート率も高まります。IoTの活用によってプレミアムで快適な空間サービスを演出することが，スポーツジムのビジネスモデルです。**人類の歴史は可視化の歴史です。私達の先祖は，紀元前から目に見えないものを見える形にして，より良い暮らしを実現してきました。**時間や風は

目に見えませんが、砂時計や日時計を見れば時間がわかりますし、風速計や風見鶏があれば、風の強さや向きがわかります。IoTとは、「これまで人が経験と勘で積み上げてきた"アナログな世界"をデジタルデータで可視化していく動き」と、言い換えることができます。21世紀に登場した、"砂時計のデジタル版"なのです。

IoTを理解するための3つの視点

　IoTの視点を3つあげておきましょう。1つめはインパクトの大きさです。IoTは、ITの「人と人の会話」ではなく、「機械と機械の会話」（Machine to Machine）です。人と人の会話は世界人口70億人が上限ですが、機械同士が会話するIoTの端末は500億台とも1,000億台ともいわれています。このスケールとバリエーションに注目してください。

　2つめは、業界構造の変化です。多くの日本企業は、工場内の生産管理手法であるFA（ファクトリー・オートメーション）にみられるように、業界内の大企業・中小企業の"縦割り"の発想から抜け切れていません。IoTは工場や業界の枠を越えるツールです。この"横割り"の発想を本気で打ち出している国家戦略が、ドイツの"インダストリー4.0"です。アメリカのグーグルやアマゾンなど、ITの新興企業に○○業界というカテゴリーがないこともその証左です。

　3つめは、アナログ情報の重要性です。**IoTがこれまでのITと異なるのは、欧米企業がリードしてきたインターネット上のサービスと異なり、ソフトウェア技術だけでは実現できない点です。**現場にあるアナログの情報を集めてデジタルの情報に変える、というステップがあってはじめて付加価値が生まれます。アップルが横浜市に海外初の研究開発拠点を設けた含意は、そこにあります。

すべての産業で商品・サービスがリプレース

　今、私たちの身の回りで起きている第4次産業革命は、第1次から第3次までの産業革命とは異なる点を持っています。ちょっと難しい用語ですが、CPS

(Cyber Physical System：サイバー・フィジカル・システム）という概念があります。フィジカル（現実）空間とサイバー（仮想）空間が一体になって，産業の活性化や社会問題の解決を図っていくシステムです。ちなみに，サイバー空間はインターネット上にありますので，"電脳空間"とも呼ばれます。IoTによって，フィジカル空間にあるアナログの情報をデジタルのデータに変換した後，サイバー空間で付加価値を生み出します。**これまでの産業革命は，繊維産業，自動車産業，電機産業など，特定の産業が主導していました。しかし，第４次産業は，すべての産業で同時多発的に，商品・サービスへの置き換え（リプレース）が発生することになります。**

人工知能によって新しいビジネスを開発

IoTを活用してどのような新しいビジネスを考えていけば良いのでしょうか。これまでの事業内容を見直して，付加価値を向上させるIoTビジネスの開発フローを図にしてみました（**図表6-2**）。

人や機械に装着されたIoT端末のセンサーやカメラでアナログの情報を集めて，デジタルのデータに変換します。そしてインターネットの仮想空間である

図表6-2　IoTビジネスの開発フロー

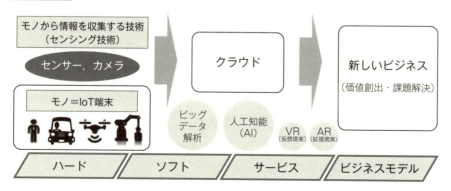

出所：鍋山［2017］「IoTの新たなビジネスの可能性と地域に関する調査研究―地域の中堅・中小企業への影響と処方箋―」『日経研月報』2017年５月号，p.77.

クラウドに集めます。クラウド（Cloud）とは英語で「雲」。コンピュータやサーバーがインターネットにつながったイメージを図で表現するのに「雲」のイラストが使われたことから，クラウドと呼ばれるようになりました。このクラウド上のビッグデータ（大量のデジタル情報）を解析して，新しいビジネス（価値創出・課題解決）を開発します。このビッグデータの解析に人工知能（AI：Artificial Intelligence）を使うことで，人間の五感では計測できなかったデータから新たな意味やパターンを発見して，革新的な成果を生み出せる可能性が出てきました。

人工知能は人間が気づかない視点をさがす

人工知能は，ディープラーニング（深層学習）という膨大なデータを読み込ませて学習させて判断させるアルゴリズム（問題を解くための計算方法）などの思考ツールによって進化しています。**とくに，人間が気づかない視点をさがすのが得意です。**すでに人工知能を活用したタクシーでは，どこに利用者がいるのか，どういうルートが最適なのか，人工知能が教えてくれます。人工知能を搭載したオンデマンドバスは，予約無しであっても，これまでの乗降客の履歴データを元に人の移動したい場所や時間を先読みして，最適ルートで運行することが可能になります。バスの運転手はUターンをしてお客の待つ停留所に行くのを嫌がりますが，人工知能の無人バスはそういうことを苦にしません。過疎地域のモビリティとして，「ウロウロしながら，乗客をさがして走るバス」はいかがでしょうか。

人工知能を活用した行政サービスについて，あるアメリカの街の出来事を紹介します。

「その街はとても治安が悪く，警察はいつも頭を悩ませていたそうです。そこで，実験的に人工知能に「今日はどこへパトロールに行くべきか」を決めてもらったといいます。すると人工知能は，勤務歴二〇年のベテラン

警察官なら、「この時間、こんな場所は安全に決まっているだろう」という地域をパトロールさせる指示を繰り返したのでした。実際に指示通りにパトロールしたところ、その結果は驚くべきものでした。その街の犯罪率は劇的に低下したのです。実はこの人工知能は膨大なデータから、「今日ここで凶悪犯罪を犯した人物が釈放されて街にいる」など様々な可能性や情報を計算して、パトロールを行うべき場所を最適化していたのでした。」
（羽生善治［2017］pp.25-26）

リアルな空間とバーチャルな空間をつなげた観光ツアー

　ここ数年で、人工知能にVR（Virtual Reality：仮想現実）やAR（Augmented Reality：拡張現実）が加わって、実用範囲が大幅に広がり始めています。VRは、コンピューター上に人工的な環境をつくり出して、あたかもそこにいるかのような感覚を体験できる技術です。ARは、現実の風景にコンピューターの情報を重ね合わせて、リアルな空間を拡張する技術です。スマートフォン向け位置情報ゲームの"ポケモン GO"は、ARの代表例です。**ここで注目すべき点は、リアルな世界とバーチャルな世界がつながるので、人やモノが物理的に移動することです。**ARを活用した地域の観光戦略を考えてみましょう。例えば、特定の場所や時間を設定して、実際の風景にスマートフォンやタブレットをかざすと、コンピューターグラフィックのバーチャルな動画として戦国時代の合戦の様子が映し出されるイベントはどうでしょう。歴史探訪ツアーの観光客であれば、一度は訪れてみたいと思うはずです。

2　IoTビジネスにみるプレミアム戦略

茶畑・果樹園からマンホールまで用途は多岐に

　IoTを活用した新しい商品・サービスを生み出して、顧客に新たな価値を提案する選択肢と自由度が大きくなっています（図表6-3）。イマジネーションの勝負です。IoTの特性に遠隔監視があります。茶畑・果樹園の防霜ファンに

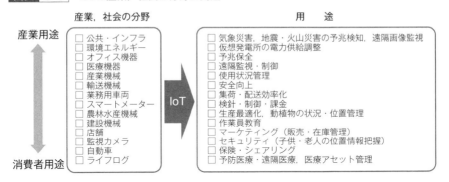

図表 6-3 IoTの産業、社会の分野と用途

注：「産業，社会の分野」（左欄）と「用途」（右欄）の各項目は，ほぼ1対1対応
出所：鍋山［2017］「IoTの新たなビジネスの可能性と地域に関する調査研究―地域の中堅・中小企業への影響と処方箋―」『日経研月報』2017年5月号，p.78.

振動センサーを，養殖場（海苔，牡蠣，まぐろなど）の海上に浮かぶブイに温度センサーなどを取り付けます。このIoTによって，防霜ファンは故障していないか，海水温や塩分濃度は大丈夫か，といった現地の情報がスマートフォンなどで確認できます。養殖場では，これまでは船による計測に頼っていましたので燃料費の削減につながります。

　公共・インフラの分野では，最近目立つようになってきたゲリラ豪雨への対策に役立ちます。バス・電車やタクシーなど車のワイパーにセンサーを付ければ，どこの地域でどのぐらいの強さで雨が降っているのか可視化できます。下水道内の水位監視では，低小電力無線と氾濫検知センサーを組み合わせたマンホール蓋での監視システムが開発・販売されています。

シリアスゲームは高齢社会へのソリューション

　九州大学で高齢社会の健康問題に向けた取組みが始まっています。シリアスゲームとは，エンターテインメント性ばかりでなく，教育や医療，環境など社会の諸領域の問題解決のために開発されたゲームです。「リハビリウム起立くん」は，高齢者が椅子から立ち上がる度に画面に映し出されたかわいい樹木が

伸びていくゲームです。子供の声で励まされた高齢者が起立運動を繰り返すことで，ふくらはぎの筋肉トレーニングになっています。リハビリからヘルスケアまで，「たたけ！バンバン職人」「ロコモでバラミンゴ」など，各部位の身体機能を維持・強化するゲームが開発されています。高齢者の血圧や心拍数などの生体情報をリアルタイムでモニターしながら，ゲームで楽しんで健康寿命をのばすことは，IoTによる高齢社会へのソリューションです。

小売業界の垣根を越えたアマゾンダッシュボタン

　ここで，押さえておかなければならないのが，"プラットフォーマー"と称される先進企業の動きです。前述のCPSの用語に象徴されるように，グーグル，アマゾン，マイクロソフトなどのデジタル産業のIT企業は，スケールとスピードを武器に，インターネット環境を支配して既存のビジネスであるアナログ産業の収益を吸い上げる"プラットフォーム"戦略を仕掛けています。企業や業界の枠を超えたビッグデータから共通項や相関を抽出して，標準的な土台（プラットフォーム）をクラウド上に構築します。

　例として，書籍や日用品などネット通販で新たな戦略を打ち出すアマゾンの小型の通信機，アマゾンダッシュボタン（Amazon Dash Button）を採り上げます。アマゾンは，20年前から取り組んできた自動発注（Amazon Dash Replenishment Service）の分野で，食品など個々の商品専用のダッシュボタンを消費者に支給して，ボタン1つで宅配するサービスを始めました。ダッシュボタンは購入したい商品ごとに1つ必要です。ボタンを押すだけで，アマゾンのサーバーに事前に設定した商品を注文できます。すでに北米市場では150以上（2015年3月開始），日本でも100以上（2016年12月開始）のラインアップになっています。商品は食品・飲料や洗剤などの日用品，マウスウォッシュなどのドラッグストア商品，美容関連，ペット関連などの消費財です。メーカーと消費者が直接つながることになるので，利用者が増えればスーパーやコンビニエンスストアなど小売業界へ影響が及ぶことになります。

バラつきを改善した小規模農家

　施設野菜の小規模農家（ガラス温室や合成樹脂のフィルムで外壁を覆ったパイプハウス）が，岩手県，福島県，茨城県，群馬県，神奈川県，徳島県，熊本県，沖縄県の８県12品目50拠点で，ITベンチャー企業のルートレック・ネットワークス（神奈川県）と連携して，品質向上やコスト削減に取り組んでいます。施設野菜は収益性が高く，トマト・キュウリ・イチゴが生産量上位３品目です。IoTと独自の栽培アルゴリズムによって，最も経験と勘が必要な「かん水・施肥」を自動化して，水分・養液の過不足の分散（バラつき）を改善しました。このバラつきの改善は，IoTによってもたらされる重要な効果の１つです。なお，養液土耕には，"点滴かん水"というイスラエル人が1959年に開発した栽培技術を用いています。IoTの活用によって，散水やタイマー式によるかん水に比べて，水分過剰（酸欠）や水分不足（塩類ストレス）のバラつきが改善されました（図表6-4）。生産収量は約20％上がり，50％の節水と減肥も達成しています。年収1,000万円の農家で，通信費を含めて初期投資回収まで１年半です。作業時間が削減できたことで，施設の栽培面積をシステム導入前

図表 6-4　ICT養液土耕・施設栽培支援システム「ゼロアグリ」

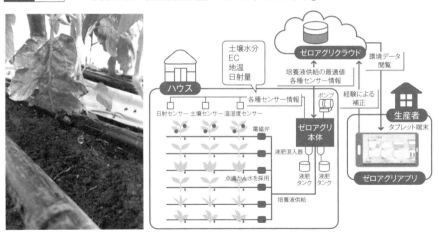

出所：㈱ルートレック・ネットワークス提供。

の2倍に拡大した農家も出始めています。2017年の機械振興協会・経済研究所による中小企業（機械4業種，回答269社）のスマート農業への取組みに関するアンケート調査によれば，IoTの活用を進めているのは野菜や果樹の生育・選別の分野が中心です。

派生的な効果で収益を高めた酪農家

コムテック（宮崎県。通信機器・畜産飼料の生産・販売）は，これまで酪農家の経験と勘に頼っていた牛の発情期を的確に検知する機器システム「牛歩」を開発・販売しました。歩数の増加と，排卵を誘起するLHサージ（血液中の黄体形成ホルモンの急上昇）が一致するという科学的根拠に着目し，牛の足首に加速度センサーや歩数計を装着してデータ解析に成功しました。発情の開始時がスマートフォンでわかるため，受精のタイミングを逃すリスクが減った結果，飼料代や人件費の負担が減り，出産率が向上しています。さらに，IoTのシステムを導入する時点では気づかなかった派生的な効果が生まれています。牛の歩き方に関わる情報データを解析する中で，分娩に障害がある牛を早期に発見できるようになりました。治療することで子牛の数が増えて，売上に寄与しました。当初予想していなかったところで派生的な効果が生まれると，収益への貢献が大きくなります。

リアルタイムの情報管理を実現した森林組合

日本林業の課題を3つ挙げれば，1つめは森林資源をデジタル情報で整備すること。2つめは木材加工・流通体制の安定性と効率性を確立すること。3つめは木造建築物の設計・施工にかかる人材育成です。広域森林組合（組合員数約5,800人（2015年度末））の北信州森林組合（長野県）は，これらの課題にIoTを活用して成果を上げつつあります。森林資源調査によるデータのデジタル管理から原木生産そして流通まで，IoTを活用した生産管理手法を導入して高収益を生む現場に変革しています。

森林資源調査では，航空レーザーによる解析と森林GIS（地理情報システム）

の位置情報を組み合わせて，組織管理のアプリケーションのデータとリアルタイムでつないでいます。また，原木生産から製材工場・合板工場への出荷までの「生産リードタイム」の削減と在庫圧縮では，山での検収，伐採・集材・造材，運搬の個々の林業機械（ハーベスタ，スイングヤーダ，プロセッサ，フォワーダなど）の動きをリアルタイムで把握して，作業の進捗を管理しています。この「リアルタイム」での情報管理は，IoTがあってはじめて実現できる特性です。

　IoTの活用によって透明性が高く，精度の高いデジタルのデータを共有できたことで小さな在庫を実現しましたが，これを可能にしたのは，山元・川上から川中に至るサプライチェーン間の情報の共有化です。企業の壁を越えた，相互の信頼関係の構築が決定的に重要です。「地域の森林資源を守るための資金循環をつくりだす」といった"目標の共有"とともに，目先の利益ではなく長期的な利益に目を向ける"人望のある実践型リーダー"がいるかどうかにかかっています。また，人材育成では，同組合は組織内の世代交代を進めて，欧州型フォレスターのような総合型役割を担う"北信州フォレスターズ"（10名，平均年齢30歳代前半）を結成しています。

モノに付随したサービスを売る製造業

　製造業では，自社のコア技術を元に，モノを売るのではなく，モノに付随しているサービスを売るというビジネスモデルに転換しています。ハードからソフトへの展開です。

　欧米企業の先行事例をみてみましょう。アメリカ企業は，企業レベルでデファクト戦略を仕掛けています。なかでも，GE（ゼネラル・エレクトリック）の1％効率向上の使用状況管理・提案型支援サービスは有名です。航空，電力，医療，鉄道，石油・ガスなどの産業で，ソフトウェア技術者とデータ・サイエンティストの解析によって既存ビジネスの効率を1％向上させるサービスです。データ・サイエンティストとは，ビッグデータを科学的，統計的に解析する職業です。航空会社への航空機エンジン運用サービスでは，飛行中にリアルタイムで状況を把握します。そのデータを解析して，航空機の路線ネットワークや

ルートを最適化して，1％の燃費削減を提案します。

　欧州企業では，工業用圧縮空気コンプレッサー・メーカーのケーザー・コンプレッサー（ドイツ）が，遠隔監視・制御・使用状況管理サービスを展開しています。製造コストの大半が電気代です。コンプレッサーと周辺装置のシステム・制御方法を工夫して，電力消費量を低減させました。圧縮空気の販売事業では，顧客はコンプレッサーで使用した圧縮空気の分だけの対価を払います。機器の売り切りからサービスへの転換です。

　日本企業では，小松製作所（コマツ：東京都）が建設機械にGPS（Global Positioning System：全地球測位システム）を搭載して，位置情報の把握や遠隔監視によるメンテナンスや盗まれた機械の探索など，車両管理サービス「コムトラックス」を始めています。また，ドローンと３Ｄレーザースキャナーを加えて，建設・土木現場の施工作業の可視化や，支援サービス「コムコネクト」で建設現場の効率化や安全性の向上を実現しています。

現場の可視化でプレミアムな空間サービスへ

　サービス業の分野は多岐にわたりますが，「時間的・空間的同時性」，つまりその時間，その場所にいないと十分な価値を伝えることができないという共通点があります。生産と消費が同時に起きるため，在庫や中古市場がなく，サービスの質を事前に評価することが難しいのです。ブランドイメージをどうつくるか，リピーター（固定客）をどうやって増やすのか，といった信頼関係や長期的な取引が重要になります。大変そうに思えますが，それだけに，イノベーティブなサービス企業の付加価値は非常に高くなります。IoTは時間や空間を超えるツールですから，プレミアムの価値を高める余地が大きいのです。

　これまでのIoTの活用事例では，製造業は「モノではなくコトへ」のサービス化がキーワードと述べましたが，サービス業は「空間サービス」による顧客との新たな関係性がキーワードです。ハグレイトナー（ドイツ）というペーパータオルのデリバリー業者は，これまで，ペーパータオルを安い価格で確実にデリバリーすることがサービスの内容でした。**そこで，IoTを活用して各種**

センサーのデータによってトイレの使われ方に関する詳細なデータを収集、解析しました。とくに、「現場で何が起こっているかを可視化できた」ことが、新たな価値創造へとつながりました。スポーツ会場、オフィスビル、公園など、場所によってトイレの利用状況はさまざまです。リアルタイムに清掃員を派遣するアプリケーションを開発したほか、利用頻度の低いトイレの従量課金管理システムを導入しました。ペーパー切れのないトイレなど、清潔・快適なトイレを低コストで運営するプレミアムな空間サービスへ展開しています。

3　地域創生のためのプレミアム戦略

日本の強みは洗練性

　ダボス会議は有名ですね。毎年1月にスイスのダボスで開催される世界経済フォーラム（WEF：本部はジュネーブ）の年次総会の通称です。世界各国の政治、経済界のリーダーや学者が一堂に会する集まりです。WEFが1979年から毎年発表している世界各国の競争力ランキングが、「Global Competitiveness Index：GCI」です。統計データや有識者の評価をもとに定量化されています。日本の総合順位は140ヵ国・地域の中で、第6位です（図表6-5）。制度、インフラ、マクロ経済、健康、教育、雇用、金融、技術、市場、ビジネスなど、

図表 6-5　世界経済フォーラムの日本の競争力ランキング（世界140ヵ国・地域）

総合順位		部門別順位		
		Basic Requirements	Efficiency Enhancers	Innovation and sophistication
1	スイス	2	4	1
2	シンガポール	1	2	11
3	アメリカ	30	1	4
4	ドイツ	8	10	3
5	オランダ	7	9	6
6	日本	24	8	2
7	香港	3	3	23
8	フィンランド	11	13	5
9	スウェーデン	13	12	7
10	イギリス	25	5	9

分野 No.11「Business sophistication」の指標

Local supplier quantity	1位
Local supplier quality	1位
State of cluster development	10位
Nature of competitive advantage	1位
Value chain breadth	1位
Control of international distribution	2位
Production process sophistication	2位
Extent of marketing	20位
Willingness to delegate authority	20位

出所：Klaus Schwab, World Economic Forum［2015］「The Global Competitiveness 2015-2016」から筆者作成。

3部門・12分野の100以上の指標から算出されています。**その中で，日本が高く評価されている指標のいくつかに「sophistication」という言葉がみつかります。これは，ビジネス，生産プロセスあるいは顧客における「洗練性」です。**素材をそのまま提供するのではなく，創意工夫を凝らして"研磨"していく"きめ細かさ"が海外から評価されているのです。

サイバー攻撃によるウイルス被害には注意

IoTが企業に与える影響は，プラスとマイナスの両面があります。これまでみてきたように，IoTは産業革命です。私たちの身の回りでもスマートフォンなどIT機器のデバイス群を介して，リアルタイムで，凄まじいデジタルデータがトレース（追跡・収奪）されています。その結果，産業の垣根がなくなって，業界構造・秩序は大きく変わります。また，産業革命を先導するドイツやアメリカの動向も注視しなければなりません。

IoTが企業に与える影響とその対応を整理してみましょう（図表6-6）。プラスの影響では，他業界への新規参入の機会が増えますし，事業領域・ビジネ

図表 6-6　IoTが企業に与える影響とその対応

IoTが何をもたらすのか	企業に与える影響	企業はどうすべきか
■あらゆる産業で商品・サービスの置き換え ■ドイツ・アメリカの国際標準戦略 ■デジタル産業へのデータのトレース現象 ↓ ■産業の垣根が消滅 ■業界構造・秩序の変化	《プラス》 ■他業界への新規参入 ■事業領域・ビジネスの見直しによる事業機会の発見 ■異なるビジネスモデルを用いることによる競争力の向上 ⇅ 《マイナス》 ■他業界からの新規参入 ■大企業・プラットフォーマーの事業領域の拡大 ■異なるビジネスモデルとの競争 ■サイバー攻撃などセキュリティリスク	《三つのステップ》 ■既存事業の改善・効率化 バラつきの改善，現場の気づき，小さな成果の積み重ね，派生効果 ■新規事業の開拓 攻め（ゴール），ビジネスモデル創造，異業種・サプライチェーン，社会問題解決 ■事業の再定義 守り（IoT，非IoT），ビジネスモデル再構築，規模／範囲，サービス化，UX（顧客体験）

出所：鍋山［2017］「IoTの新たなビジネスの可能性と地域に関する調査研究—地域の中堅・中小企業への影響と処方箋—」『日経研月報』2017年5月号，p.79に筆者加筆。

スの見直しによる事業機会の発見なども挙げられます。**マイナスの影響は，その逆方向で，他業界からの新規参入の増加，大企業やプラットフォーマー（前述）の事業領域の拡大などです。**サイバー攻撃によるウイルス被害などのセキュリティの面にも，注意が必要です。

新規事業の開拓が最終のゴール

　これまで紹介してきた事例を参考にしながら，企業はどうすべきか，3つのステップで説明します。

　1つめのステップは，「既存事業の改善・効率化」です。IoTの本質は，今まで測定できなかったことが測定できるようになることにあります。まずは，既存ビジネスでのフローを可視化することです。"うすうすわかっている"現場の情報をデータにして，その"バラつき"を改善します。その小さな成果を積み上げて，売上の増加やコストの削減を通じて収益の改善につなげます。ここで派生的な効果が生まれることもあります。

　2つめのステップは，「新規事業の開拓」です。IoTが目指すべき最終のゴールは，これまで当たり前のように取り組んでいる改善活動や業務効率化の延長線上ではありません。トップダウンという組織の壁を越えた，縦から横への展開です。同業種内の川上から川下のサプライチェーンの再構築，異業種間のコラボレーション，そして地域全体まで広げた新たなビジネスモデルの創造です。

事業の再定義と綿あめ菓子の話

　3つめのステップは「事業の再定義」です。IoTビジネスに関心のない企業でも，"守りのIoT"が必要です。顧客への新たな価値提供のために，自社の事業を見直してみましょう。顧客の後ろには地域社会があり，その後ろには時代があります。時代の変化とともに，顧客に提供する商品・サービスは変化します。モノからコトへのサービス化やUX（User Experience：顧客体験），社会問題解決からのアプローチなど事業を再定義して，IoTというツールを活用できるのであれば活用する，という意思決定プロセスが大切です。

このなかで，UXは重要なので，綿あめ菓子の話をします。綿あめ菓子は，大粒ザラメの砂糖を加熱して，回転釜から糸状になったものを棒に巻き付けた綿状の砂糖菓子です。この綿あめ菓子をお祭りや縁日で1個500円で売っている人がいます。しかし，雨の日は，人通りが減って売上の数が伸びません。そこで，「800円ぐらいで売れないものか」と考えて，いっさい経費をかけずに，あることをしました。さて，何をしたのでしょう。というクイズです。

　答えは，「お客に菓子づくりを体験させる」です。**顧客に体験させることをUXと言います。**物質的な豊かさを享受している成熟社会では，「モノ」に関わる「コト」を売れば，プレミアムな価値を生み出すことができます。「モノではなく，コトを売れ！」，これは時代のトレンドです。

バーチャル空間での規模拡大はビジネスチャンス

　事業の再定義で新しいプレミアム価値を発見した事例を紹介します。お弁当テレビ（宅配弁当：東京都八王子市）は，ITを活用して中小企業をバーチャルの大企業に変えました。500社の中小零細の弁当工場をインターネット上で束ねて，企業向け限定の弁当の受発注・配達システムを構築しました。日々のメニューを標準化してコストを削減し，受注生産で食材ロスをなくして，弁当箱も再利用するなど，社会問題解決（環境負荷の低減）にも貢献しています。**「情報はそのままでは価値がなくても，整理すると価値が生まれる」という，ビジネス格言の実践です。**さらに，毎日約10万食という大企業並みの規模になることで，昼間人口が多い首都圏のオフィス街へ配送することができますから，移出型ビジネス（地域外に商品・サービスを提供するビジネス）に成長しています。

目に見えないものを売る

　事業の再定義は，ITやIoTありきではありません。顧客への新たな価値提供が主眼です。サービス業のIoTによるプレミアム戦略で，キーワードは「空間サービス」による顧客との新たな関係性と述べましたが，その先があります。

それは，"目に見える"サービス（有形価値）ではなく，"目に見ない"サービス（無形価値）を売ることです。ホテル五龍館（旅館業：長野県白馬八方温泉）は，「かぶと虫体験」「ホテル&キャンプ2泊3日」など，親と子の思い出づくりをコア事業に据えています。顧客との共感・共創の場づくり，と言い換えても良いでしょう。"旅館業"から，楽しい空間を演出する"思い出販売業"という目に見えないサービスに事業を再定義することで，連泊需要やリピート率の向上を実現しています。

地域は洗練性とオリジナルの再構築で

　伝統的な商習慣や規制で守られてきた地域や業界は，第4次産業革命によって大きな影響を受けます。**IoTにはさまざまな可能性がある，という認識をもって，危機感と共に自社のビジネスモデルの水準をワンランク上げる良い機会と捉えるべきでしょう。**

　地域には，農林水産業から，製造業，観光・サービス業，行政・インフラまで，多様な産業基盤に存在する豊富なオリジナルのリアルデータが集積しています。大都市とは異なり異業種の現場や人間関係の距離が近く，「気づき」を生みやすい環境でもあります。IoTは業種間の壁を超えるツールですから，異業種の企業マッチングで地域産業の付加価値向上によるプレミアム化に重要な役割を担えるはずです。海外の富裕層・中間所得層などの成長市場も見据えながらIoTを活用して，日本の強みとされる洗練性で地域のオリジナルの素材を再構築することは，プレミアム地域創生のための有効な解決策です。

▶▶▶参考文献

大前研一編著［2016］『IoT革命』プレジデント社。
尾木蔵人［2015］『決定版 インダストリー4.0』東洋経済新報社。
機械振興協会・経済研究所［2017］『中小企業の基盤技術を活用したスマート農業の推進』（JSPMI-ERI H28-4）。

九州経済連合会 産業振興委員会・情報通信委員会［2017］『IoTの新たなビジネスの可能性について―九州の中堅・中小企業への影響と処方箋―』九州経済連合会。

佐々木伸一（ルートレック・ネットワークス）講演資料「農業に休日を！―Grow with IoT」（一財）日本経済研究所主催IoTビジネス研究会2017年2月1日。

「透明情報共有とICTで可能 ―生産リードタイム削減，在庫圧縮で高利益を生む現場に」『現代林業』2017年1月号。

内藤崇（SAPジャパン）講演資料「お客様事例に見るIoTとデジタル変革」BCNフォーラム2016年12月2日。

鍋山徹［2017］「IoTの新たなビジネスの可能性と地域に関する調査研究―地域の中堅・中小企業への影響と処方箋―」『日経研月報』2017年5月号。

羽生善治・NHKスペシャル取材班［2017］『人工知能の核心』NHK出版新書。

増田貴司［2017］「2017年の日本産業を読み解く10のキーワード」『経営センサー』2017年1・2月号，東レ経営研究所。

松島聡［2016］『UXの時代 ―IoTとシェアリングは産業をどう変えるか』英治出版。

Erik Brynjolfsson & Andrew McAfee ［2014］, *The Second Machine Age/Work, Progress, and Prosperity in a Time of Brilliant Technologies*, W.M.Nortin and Co.,Inc.（村井章子訳［2015］『ザ・セカンド・マシン・エイジ』日経BP社）

▶▶▶ホームページ

『元気な企業インタビュー 第77回お弁当テレビ㈱―食を通じて社会貢献！新感覚の"宅配弁当"サービス』サイバーシルクロード八王子：

https://www.cyber-silkroad.jp/2009/08/obentou-tv/ （2017年7月31日現在）

TC（TechCrunch）ニュース：

http://jp.techcrunch.com/2016/04/01/20160331amazon-expands-dash-button-line-up-top-sellers-to-date-include-tide-bounty-cottonelle/（2016年4月1日現在）

第7章 日本酒と焼酎のプレミアム化への挑戦
——シンクロする味と香り

　プレミアム化を実現するには，製品の評価方法をネガティブチェックからポジティブチェックに変える必要があります。欠点を排除して不良率を減らすのではなく，長所をいかに引き出すかといった大変換が求められます。お手本をベースにその欠点をなくし，いいものを安くつくる手法で成功してきた日本は，ネガティブチェック大国です。ネガティブチェックに慣れ親しんできた日本では，プレミアム化は一筋縄ではいきません。

　しかし，日本酒と焼酎はその隘路（あいろ）から抜け出しつつあります。ポジティブチェックであるワインやクラフトビールの影響を受けたのかもしれません。日本酒と焼酎のプレミアム化は，地方産業のみならず日本のあり方を考えるヒントとなると思います。

1　地方創生とプレミアム化

地方創生

　地方創生とは何でしょうか。論者によりさまざまですが，私は，**財政移転（補助金等）に頼らない地域を創ることが地方創生**と考えます。地方交付税や補助金によって，地方の経済は財政移転なしでは成り立たない状況にあります。しかし地域の賑わいを維持したり回復したりするために，これまで以上に財政移転を求めれば，国民1人あたりの負担は増大しソビエト連邦のように崩壊するかも知れません。

　第1章では，地域のプレミアム化を「地域の稼ぐ力」の実現と述べています。地域の稼ぐ力とは，地域における貿易黒字のことです。実際には，ほとんどの地域が赤字で，財政移転によって穴埋めされています。

日本は超高齢化社会（65歳以上の高齢者が全人口の21％超）を迎えています。財政負担はうなぎのぼりです。はたして，地方交付税をはじめとする財政移転は維持可能なのでしょうか。なんとかして赤字を小さくする必要があります。そうしなければ，人口が本格的に減少する前に，地方どころか国全体が破産の憂き目にあいかねません。

　地方の振興には，今まで，自立を支援するという観点が弱かった可能性があります。地方創生の議論でも，そのような論点はあまり出ていません。それは，自立している産業が実に少ないという身も蓋もない現実を踏まえた，大人の話なのかも知れません。しかし，そのような余裕はもうないと考えるべきでしょう。現時点では，マイノリティかも知れませんが，地域に根ざして，しかも稼ぐ力がある産業を振興することが地方創生だと考えます。

　日本酒と本格焼酎は補助金などに依存してない産業です。それどころか，農家から原材料を調達したうえで地域外に販売し，地域の外から稼いでいるのです。地方創生における理想的なビジネスモデルです。さらにいえば，欧州のワインツーリズムが欧州観光を支える有力な柱の1つであることが示すように，観光業との親和性も高く，その方向における発展も期待できます。

　要するに，**日本酒と本格焼酎を振興することが，地方創生に直結する**と申しあげて問題ありません。そして振興の有力な方向性が高級化，つまりプレミアム化なのです。

プレミアム化の含意

　プレミアム化は単なる値上げという意味ではなく，それに見合った付加価値をつける，という深い意味をもっています。プレミアム化は，日本の産業が苦手というか，あまり手をつけてこなかった分野です。日本は外国のものをお手本にして良いものを安くつくることにおいては，史上稀にみる成功を収めました。日本的経営という言葉が世界を席巻した時期が確かにあったのです。しかし，さらに良いものにして価値を上げることには，あまり成功していません。なぜかというと，そこにはオリジナリティが必要だからです。

良いものを安くつくるのにオリジナリティは不要です。極端にいえば，ものまねでいいのです。あとは愚直に不良率を下げる努力をする。要するに，ネガティブチェックを徹底すれば良いのです。

　一方，価値の創造はその真逆です。**ネガティブチェックでは，平均的な欠点がないものは"造"れても，特色のある製品は"創"れません。**日本が多くの産業で競争力を失っているのは，偶然とはいえません。

追いついたけど追い越せない

　この問題は根が深い問題です。明治以降のキャッチアップや，その実現のために構築した教育制度などが，すべて影響している可能性があるためです。例えば，日本は小さなミスにも厳しいし，ミスを未然に防ぐためか，型にはめようとします。個人的な経験では，中学校がガチガチであまりにもつまらなかったので，すっかり勉強が嫌いになってしまいました。

　しかし，日本型の産業・教育システムでは，改良はできても大きな革新はできません。残念ながら，日本では知識や発明は海外からもってくることが奨励されています。自分で考えることは効率が悪いとすら思われているようです。私はシンクタンク業界におりますが，工数は評価されてもアイデアが評価されることは稀です。まあ大したアイデアがあるわけではないのですが。

　そんな傾向が，急速なキャッチアップに役立ったのは確かでしょう。ものを改良して，不良率の低い良いものを安くつくるというコンセプトは，そんな日本人の琴線に触れたのでしょう

　しかし，追いついてから今度は，新しい技術や知識を生み出さないといけないのに，**小さなミスすら恐れていては何も生み出すことはできません。**ジャパンアズナンバーワンを実現しようとするならば，そのプロセスを乗り越えないといけないのです。

プレミアム化の方法

　プレミアム化とは新しい発明や発見に近い領域です。欠点をなくしていく方

向では到達できません。利点を付加しないといけないのです。東京の1人勝ちと言われていますが，東京で新しい発見や付加価値の創造がどれだけなされているのでしょうか。地方だけの問題ではなく，日本全体が問われているのです。

　逆に言えば，プレミアム化に成功すれば，そこから新しい発展の糸口がつかめます。それは地方創生を超えて，日本創生につながるはずです。**日本酒と焼酎では，そんな動きが独創的な商品でプレミアム化を果たす動きがみられるのです。ネガティブチェックではなくポジティブチェックの動きが。ちょっとではありますが。**

　日本には2つの歴史があります。1つは海外にイノベーションの資源を求める時代です。このような時代は，輸入基地である首都などが繁栄しました。もう1つは，中央ではなく地方が独自のイノベーションを担った時代です。鎖国していた江戸時代がその典型です。日本は，キャッチアップの時代には首都が，それが終わると地方圏がと，主役を交代させることで歴史を創ってきました。さすがに日本酒と焼酎の事例だけで，地方圏と東京が入れ替わると主張するつもりはありません。しかし，時代は繰り返すのではないでしょうか。

2　酒とデフレと蹉跌と文化

酒離れ？

　日本では，1990年から2010年にかけて平均価格が下がりながら，成人1人当たり酒類消費量が減退する現象がみられました。逆プレミアム現象です。普通は価格が下がれば需要は増えるはずですが，逆のことが起きました。

　酒はアルコールです。酔っぱらえればいい面をもっています。終戦直後は，体を悪くするリスクを承知で飲酒することも珍しくありませんでした。当時は安心して飲めればよく，風味は二の次でした。あれから長い年月が過ぎましたが，どちらかというと安価な酒を造る努力が優先されてきました。

　ネガティブチェックでは，どうしてもそうなるのです。酒に限らず，日本企業はそれ以外のやり方を知らないかのようです。**ネガティブチェックによる低**

図表 7-1　酒類全体の価格と消費量の関係

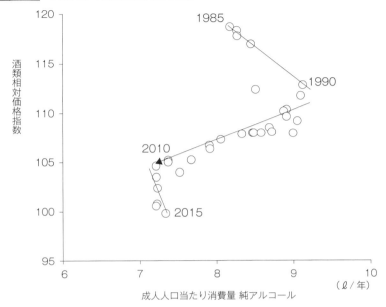

注：酒類相対価格指数は酒類の消費者物価指数を同総合指数（除生鮮食品）で除したもの。
出所：総務省「消費者物価指数」，総務省『人口推計』，国税庁「酒税課税状況表」，『酒類食品統計年報』日刊経済通信社（原典：国税庁，キリンビール）のデータを基に筆者作成。

価格化は，デフレ的な事態を悪化させただけだったと思います。

情報の非対称性

　平均価格が下がりながら消費量が減る異常事態の間に行われたイノベーションは，発泡酒（1994），第3のビール（2003），甲乙混和焼酎（2005頃），といったもどき商品ばかりです。これは，戦後，いや明治以降の日本の商品開発を象徴しているというのは言い過ぎでしょうか。
　情報の非対称性という考え方があります。消費者と供給者の間では製品に対する情報量が違っていて，消費者が内容を理解できるような情報開示がない限

り，品質が劣る商品が増えて市場そのものが縮小するという考え方です。グレシャムの法則である，**悪貨が良貨を駆逐するというイメージです**。最近までの日本の酒類市場は，そのような整理に近い状況にありました。

デフレ的状況

我々は海外に存在した骨太なお手本を使い切ってしまって，身近な商品にまで低価格化戦略を採ってみたら，その結果，同じような安価な商品やサービスに囲まれるといったデフレ的な，あるいは安売りチェーン店が並んだ郊外の風景的な状況に陥ってしまいました。生活を支える低価格品も必要です。しかし，そのような産業だけで豊かさを実現することはできません。

不良債権が一掃されたうえに日銀がものすごい金融緩和を行っても，デフレ的なというのでしょうか，名目GDPが伸びない状況が続いているのは，1つには，**低価格化以外に競争力を強化する術が思いつかないという，明治以降のキャッチアップ戦略の蹉跌**があると思われます。

酒と文化

そんな状況を打破するに，酒は向いているのです。なぜかというと，酒には文化という側面があるからです。日本が世界に誇る高付加価値品は，その多くが江戸期以前の美術品です。日本庭園もカウントしてもいいかもしれません。その時代にまで遡ると，付加価値を高めてきた，つまりプレミアム化を行ってきた経験があるのです。まずはそこに遡るのが合理的でしょう。

酒の碩学として知られた坂口謹一郎（[2011] p.12）は，「世界の歴史を見ても古い文明は，必ずうるわしい酒を持つ。すぐれた文化のみが人間の感覚を洗練し，美化し，豊富にすることが出来るからである。それゆえ優れた酒を持つ国民は進んだ文化の持ち主であると言っていい」と述べています。

実は，**最近の日本では安い酒よりも文化的な，プレミアムな酒が望まれるようになっています**。その証拠に，最近は若い女性にも日本酒の美味しさが理解され，高級な日本酒がブームとなっています。焼酎も続く気配です。

3 日本酒のプレミアム化

日本酒の歴史

　日本の酒は，歴史的にはプレミアム商品ではありませんでした。ではダメかというと，そうでもなくて，科学技術が進んできているので，昔には実現が難しかった高品質を最近では実現しやすくなっている側面もあります。ようやく日本人の文化的伝統を開花させるだけの条件が整ったと，ちょっと苦しいですが，そんな感じなのです。

　日本酒の歴史は古く，古事記や日本書記に記載されており，大陸から伝来したもののようです。東洋の酒技術は優れた面がありました。欧州のパスツールに先駆けること数百年，低温殺菌法を編み出していたのです。これは中国で宋代の頃と考えられています。そして，それは室町時代頃から日本酒にも活用されてきました。

　このように技術的には優れた面がありましたが，その風味となると，ちょっと微妙だったみたいです。というのも，宣教師の時代（16世紀）から明治（19世紀）にかけて多くの欧州人が来日していますが，**醤油を絶賛する一方で，日本酒に対する評価はおしなべて厳しかった**のです。

一変した評価

　もっとも**最近では，欧米人の評価のほうが高い**ほどです。例えば，2016年にはワインの批評家として名高いロバートパーカーのグループが日本酒を採点し，78銘柄に90点以上を与えています。90点以上というのは，ボルドーの高級ワインに匹敵する評価です。日本酒は急速に美味しくなっています。

　急に美味しくなったのは，日本文化を背景としたポジティブ評価の賜物ですが，麹や酵母の改良，精米技術の進化，生産者のノウハウ改善等々，最新の科学的知見によるところも大きいと思います。

製造技術の変遷

　日本酒はまず米を麹（こうじ）により糖化する必要があります。麹が安定的に生産されるようになったのは室町時代以降とされています。

　麹の製造は一種の秘伝として扱われました。限られたメンバーのみに許可伝承されたのです。科学的な解明が進んで，広く普及したのは明治以降でした。今では純米吟醸酒用など，特定商品向けの麹が開発され利用されています。焼酎と日本酒では麹の種類が違うのですが，焼酎用の麹を日本酒に流用することで，酸が強い新しい風味を実現するチャレンジもみられます。

　糖に変えた後でそれをアルコールに変えるのは，酵母の役割です。アルコール発酵の途中で，酒の風味を左右するいろんな酸が発生します。アルコール発酵を左右する酵母の役割は，酒の風味を左右するだけの重みがあります。

　もともとは，地域や蔵にすみついた酵母を使っていました。その酵母を科学的に培養して利用するようになったのは，19世紀末からです。現在，広く利用されている最古の酵母は1930年に秋田で発見されたものです（6号酵母）。戦後，酒の風味に大きく影響を与えた酵母としては，9号酵母があります。これは酸が少なく，香気が高く，吟醸酒に向いている酵母です。

　この酵母は吟醸酒の発展に大きな役割を果たし，今日まで，改良を続けて利用されています。一方，最近では酸を抑えるのではなく増やす方向の酵母が出てきています。**日本酒では長い間，酸は雑味をもたらすとして嫌われて，酸を抑えることが重要と考えられてきました。**酸を活用して酒に味を付けていくようになったのは，割と最近のことです。

日本酒の風味の課題

　日本酒の風味が進化し広く受け入れられるようになったのは，21世紀に入ってからと言っていいでしょう。もちろん美味しい酒はあったのですが，少し限定的でした。全国各地の蔵元の水準が上がったのは，割と近年のことです。

　日本酒は風味に関する課題を抱えていました。ワインでは，赤なら乳酸，白ならリンゴ酸といった具合に，その風味を決める要素が少なく，風味を整理し

やすいといった特徴があります。一方，日本酒には，原料や麹由来のアミノ酸やミネラル，発酵過程で生じる，乳酸，コハク酸，リンゴ酸など，風味を決める要素が満載です。**日本酒は風味を決める要素が多く，しかも，それらが万遍なく存在し，特徴を出しにくいといった課題がありました。**

欠点の排除からの付加への転換

この課題に対し，昔はお燗で対応しました。温めると乳酸やコハク酸が引き立ちバランスが改善されるのです。戦後は，**全体に特徴を薄めることで対応してきた**といえます。

その嚆矢は，第二次大戦中の米不足を背景に始まったアルコール添加です。これは米不足や米の高コストをカバーしたのと同時に，欠点を薄める方法でし

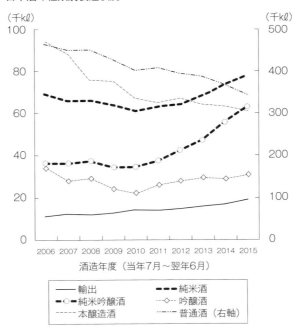

図表 7-2　日本酒の種類別製造状況

出所：国税庁「日本酒の製造状況等について」，財務省「貿易統計」のデータを基に筆者作成。

た。戦前の純米酒に比べ，荒々しい味が薄められることによって，程よい風味となったとの評価があります。

さらに荒々しさを抑えるうえで画期的だったのは，米を半分以下に磨く吟醸酒の開発でした。1980年代に普及をみた吟醸酒は，米を磨くことで雑味となる乳酸やコハク酸等を抑えて，香りを際立たせることに成功したのです。

このように日本酒の風味の発展は，酸等を除去する方向でなされました。**水に近いものが上等とされたのです**。しかし，21世紀に入ると少しずつ酸の活用が進み，ここ数年はアルコールを添加せず酸の影響が出やすい純米吟醸酒が吟醸酒を凌駕するようになっています（図表7-2）。

中小蔵の高評価

最新の日本酒の評価は，国際的にみても高くなりました。前述の通り，2016年の秋にはロバートパーカーが主宰するグループが，純米吟醸酒78銘柄をボルドーワインの上位クラスと大差ないと評価しました。

このパーカーのグループが**高く評価した78銘柄のうち，大手は２銘柄にすぎません。ほとんどは中小蔵元の手によるものです**。大手の製品開発は，開発・生産・販売に係る多くの関係者の同意を取る必要があるので，個性を殺した平均的（平凡）なものになりがちですが，中小は社長や杜氏（とうじ）の個性や感性を反映した多様な高級酒を開発しやすいためです。

日本酒の製品開発

日本酒の製品開発は，雑味やその原因となる酸等の排除から，酸等の有効活用へ大きく舵を切ろうとしています。これは，欠点の排除から個性の容認への転換です。したがって，**製品の評価方法は，ネガティブチェックからポジティブチェックに変わらざるを得ない状況にあります。**

ところが，ポジティブな評価方法は確立されたとは言い難く，いまだにネガティブチェックが主流です。例えば，新酒鑑評会の審査ではネガティブチェックのウエイトが６割を占めます。ワインの審査では１割ほどです。これは日本

酒が長い間，欠点（雑味，酸等）を除去するように努めてきたことや，明治以降の日本人の評価姿勢が反映されているとみられます。成功している蔵元は，従来の慣習や常識に捉われずに，自らの感性に基づき製品を開発しています。これはいわばポジティブ評価の試行錯誤です。

　ポジティブな製品開発は今のところ組織的には難しく，開発者個人の感性に拠らざるをえない状況です。将来的には組織的にポジティブ評価を行うことも可能でしょうが，その場合も，感性が基軸となることは変わらないでしょう。日本酒産業は不可逆的な新しい感性の経済性の段階に進んだと考えます。

地域性がプレミアムの根拠へ

　新しい品質に転じた現在の日本酒には，今のところは，守るべき伝統や地域性は少ないといえます。しかし，おそらくその種の伝統はこれから創生されるのでしょう。例えば，酸の活用は米の風味（タンパク質）の活用とも言えます。したがって，この活用が進めば高精白にこだわらずに，米の旨みを活かす方向に進化していくと予想されます。

　なぜなら，それがもっとも個性を確立しやすく，プレミアム化に適するためです。日本酒は酸の削減から活用に転ずることによって，ようやく米を活かす方向に転じたのです。それはワインと同様に，**自然を生かし，自然に依存する方向性です**。ワインと同様に酸を生かす方向に舵を切ったので，原料に関してもワインと同様に地域風土（テロワール）を生かすようになると考えることができます。そのような段階に達すれば地理的表示が有用となるのは自明のことです。現時点でそんな状況が確立するタイミングを予測することは困難ですが，大きなターニングポイントを超えて，フランスに似たような方向性に向かっていることは明らかです。

他の酒類と開発手法

　酒類においてはワインとウイスキーがポジティブ評価に優れ，日本酒，ビール，焼酎はネガティブチェックを主体にしてきました。ワインやウイスキーで

は，欧州を中心にポジティブチェックのノウハウを磨いてきました。

日本酒はワインと似た部分が多いですから，ポジティブチェックのノウハウを物真似的に導入することが可能です。日本が得意とする手法で，ポジティブチェックを学べるという有利な立場にあります。

一方，安価な製品が多かったビールや焼酎もネガティブチェックが主体でした。しかし，一部ではポジティブチェックによる高級品の開発と展開がみられます。ビールで言えば，クラフトビールです。クラフトビールは香りによる差別化に成功したケースです。例えば，新種のホップによる柑橘系の香りをポジティブに評価することによって成功しています。

興味深いことに，**クラフトビールを特徴づける柑橘系ホップの香り成分は，芋焼酎の香り成分と共通点がある**ことが判明しています。この成分は焼酎を芋臭くする原因としてネガティブに捉えられ，今までは除去することが常識でした。しかし，一部の中小蔵元では当該成分を積極的に評価することによって，ライチのような柑橘類の香りを有する焼酎の開発に成功しています。これは，ネガティブチェックからポジティブな評価姿勢への転換がもたらしたものです。この点については，次の焼酎コーナーでさらに詳しく紹介します。

4　本格焼酎とプレミアム化

芋の香り

本格焼酎も日本酒と同じような展開となってきました。芋焼酎が典型ですが，最近までは芋臭いとされた匂いを消すことが主流でした。ところが，芋の香り成分に含まれる柑橘類の香りをプレイアップすることによって，新しいプレミア価値を生み出しつつあります。

芋焼酎の特徴的な香りに，原料サツマイモを起源とするMTA（モノテルペンアルコール）があります。これは，ビール原料のホップやワインのマスカットにも含まれる匂い成分で，柑橘系の香りを醸します。昔の芋焼酎では他の雑香と交ったりして，あまりはっきりとはしていませんでした。沢庵（たくあ

ん）のような香りとか，いろいろ混じっていたのです。また，MTAの柑橘系の香りは芋が傷んだ時の匂いとも似ているので，製造工程では黄色信号とされ，あまり歓迎されませんでした。

　これらの事情から，芋焼酎ではMTAを含めていろいろな香りや匂いをなくそうとすることになりました。その結果，**芋臭いとされた芋焼酎は，洗練された今日のようなものに進化**し，焼酎ブーム等を経て全国に広がる大きな原動力となったのです。

　ところが，消えたのは匂いや香りだけではありませんでした。各蔵や土地の個性まで消えてしまったのです。個性がなければ差別化が難しくなり，プレミアム化どころかコモディティ化が生じます。現時点の芋焼酎は，そんな立ち位置に近いといえるでしょう。

新しく，差別化するために

　新しい焼酎を求めて革新的な研究が行われています。大口酒造の神渡巧博士らは，芋焼酎とマスカットワインの香りについて実証的な研究を行っています（神渡，瀬戸口［2011］p.724）。同研究によれば含有成分の種類は共通していますが，マスカットワインがMTAの一種であるリナロールを特徴的に有しているのに対し，当時の芋焼酎にはそのような特徴がなかったことが示されています。同研究では，原料芋に香りが出やすい芋を選択することによって香りに特徴を持たせられるのではないかと，述べられています。

　特徴の有無は，かつての日本酒とワインの比較に共通しているところです。ところが最近の日本酒は味をつける方向に大きく転換しています。**日本酒が味なら，本格焼酎は香りです**。そして，そのような方向性を示す商品が幾つか誕生しています。例えば，ライチの香りを有する国分酒造の「安田」です。開発経緯が紹介されている日本政策投資銀行のレポート（日本政策投資銀行［2017］pp.13-15）から紹介します。

図表 7-3 国分酒造「安田」、一般的な芋焼酎、マスカットワインの香り成分比較

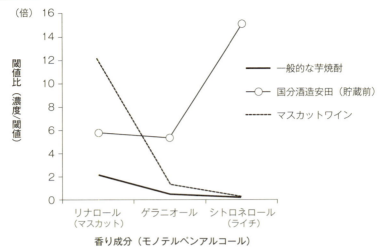

出所：神渡・瀬戸口［2011］「芋焼酎の香りに及ぼすサツマイモ品種の影響」『生物工学』第89巻、p.724、国分酒造資料。

ライチの香りの焼酎

　国分酒造の笹山護社長によれば、ライチの香りが立つ焼酎「安田」が誕生した経緯は、以下の通りです。

　2012年10月に地元の農家が復活させた100年前の芋（蔓無源氏）を、初めて芋麹で仕込みました（米麹製品は製造していた）。最初は10月の仕込みだけでやめるつもりでした。しかし、12月に生産農家からまだ原料芋があるとの連絡を受けたのです。それは寒いところに放置していたため、やや傷んでいましたが（≒熟成していた）、折角の機会であり、蔓無源氏は余所にはない品種なので、それを仕込んだところ、刺激臭が強い焼酎となりました。しかし、その刺激臭は夏場にはライチ臭に変化したのです。

　2年目（2013年）はきれいな芋で仕込んだところ、特徴に乏しい焼酎となったので、3年目（2014年）は原料芋の熟成にトライしました。初年の条件を人

工的に作ってみたのです。原料芋の一部を米置き場に２週間おいて十分に熟成させてから仕込みを行いました。その結果，２年目より個性が出ました。

４年目（2015年）は熟成の割合を増やし，５年目（2016年）には専用の貯蔵庫をつくり２-３週間そこで原料芋を熟成させるなど，徐々に熟成環境を整えました。また芋を丸ごと芋麹として利用しています。

どうやら甘い芋（蔓無源氏）を熟成させ丸ごとの芋麹で醸したら，ライチの香りとなったようです。これは，**香り成分の元となるMTAがなるべく多くなるようにして，最新の洗練された技術で仕込んだら，ライチの香りとなった**と考えることができます。

新型焼酎とは

不思議なことに，**原料等の条件は昔に近い可能性もあります。**かつての芋焼酎は２〜３月まで仕込むことも多かったのです。おそらく熟成が進み，糖度が増していたとみられます。また尻尾の部分も活用していたのです。香り成分（MTA）が多い部分です。その結果として，豊富な香りを有していたと思われます。しかし，その香りはあまり整理がついていなかった可能性が高いのです。

雑味となる部分を丁寧に取り除きつつ，香り成分（MTA）が多くなるような工夫をすれば，有用な香りだけを醸すことができます。新しい焼酎である「安田」などが示しているのは，そのような方向性です。

これは，香りに特徴を持たせる方向性を現実のものにしたものです。原料芋の特徴を素晴らしい香りとして表現できるまでに，焼酎の製造技術が進歩してきたことを示すものです。新しいタイプの焼酎ですが，原料の特性を生かすという点では，欧州が得意とする食品ブランドの理念に適っていますし，各地域特産の芋を活かした地理的表示が有効となる可能性を持つなど，伝統を活かす欧州型のブランド戦略に適するとみられます。例えば，甘味が多い安納芋などは香りが出やすいと想像されます。このような各地の芋や，かつて各地にあった芋の活用が進めば，地理的表示の説得力が増すとみられます。

なお「安田」は，１年間貯蔵し特徴が穏やかになり，既存製品との差が目立

写真 7-1
新しい焼酎の例
左）国分酒造「安田」：ライチ
中）大口酒造「伊佐小町」：
　　花・紅茶
右）小正酒造「黄猿」：
　　マスカット
出所：筆者撮影。

たなくなってから市販されています。焼酎通への配慮です。しかし，貯蔵前の個性も十分に魅力的です。写真7-1では香りに特徴を持った新しいタイプの焼酎を紹介しています。

ネガティブとポジティブの間で

「安田」のような香りは，専門家の間では「芋イタミ臭」として排除すべきものと認識されてきました。これは，ネガティブチェックで欠陥が少ないほど高評価としてきた評価方法の名残です。しかし，一定の品質レベル以上になれば，逆に消費者の嗜好に沿った特徴が必要となります。「芋イタミ臭」はそのように感じるべくトレーニングを受けた人間以外（一般消費者）には，「ライチ」と感じる香りです。これはポジティブチェックと言えるでしょう。

本格焼酎は評価方法を変えて，特徴を出すように転ずるタイミングが訪れたと思われます。前述したように，評価方法の変更がポイントとなるのは日本酒と同じです。それどころか，日本の産業界全体に通じる話かも知れません。

日本酒の進化との共通性：シンクロする発展方向

味をつけ始めた日本酒と，香りをつけ始めることにチャンスを見出す本格焼酎，和酒の醸造酒と蒸留酒は数年のタイムラグをおいて，同じ方向に進化しつつあるようにみえます。両者は特徴を評価する手法に課題を抱えている点も共

通しています。本格焼酎と日本酒は，ワイン，ウイスキーのように消費者が期待する特徴を実現できるような，ポジティブ評価を可能とする方向に舵を切り始めているのでしょう。

　これは，商品の性格だけでなく，原料にも及ぶ可能性が高いです。例えば日本酒は，タンパク質やミネラルに特徴を有した酒米を活用することになるでしょう。そのほうが味に個性を持たせやすいためです。タンパク質が少ない山田錦一辺倒の時代は過ぎ去る可能性があります。

　本格焼酎も似た経路をたどる可能性が期待されます。黄金千貫は香り成分が少ないことから普及が進みました。香りを活用するようになると，黄金千貫ではなく，香り成分に富んだ芋が利用される可能性が出てくるでしょう。

　すると，その土地に適した芋や蔓無源氏のようなかつての芋が見直されるでしょう。酒米もその土地の土壌（ミネラル）や各地の酒米（タンパク質）が重視されるでしょう。これは，地理的表示が重要性を持つ流れです。フランスワインのように，土地の個性を反映した農産物を活用して芳醇な風味を実現しプレミアム化するという方向性が，本格焼酎と日本酒においても，ようやくぼんやりとですが見え始めたと考えます。

プレミアム化とは独創のこと

　プレミアム化は独創の領域に属しています。単なる値上げとは違います。そこには丸暗記や真面目では乗り越えられない領域があります。どちらかというと，非真面目や遊びの領域が見え隠れします。これは，日本では，文化・芸術にはありましたが，産業や学校には欠けていた部分です。フランスのように，哲学を大学受験の柱にするような大改革が本当は必要なのでしょう。

　真面目な努力を野暮と揶揄するつもりはありませんが，粋な要素がないとプレミアム化は難しいのです。

　やっと面白い時代が来たように思います。この段階を経ずして，日本は本当の先進国にはなれません。今まで海外から取り入れることで省略してきた本質的な部分，つまり価値を創造する部分にこそ，今後の発展の要素があります。

それはいろんなアイデアを考え，試すプロセスであって，ワクワク，ドキドキしますし，丸暗記を強いられたり，小さなミスで罰せられたりするよりも，ずっと面白いのではないでしょうか。

▶▶▶参考文献

宇都宮仁［2007］「清酒の官能評価にかかわるにおい・かおりについて」『におい・かおり環境学会誌』Vol. 38 No.5。

神渡巧・瀬戸口智子［2011］「芋焼酎の香りに及ぼすサツマイモ品種の影響」『生物工学』Vol.89。

坂口謹一郎［1972］「いずこ行くかわれらの酒」『坂口謹一郎酒学集成1』岩波書店。

蛸井潔［2015］「ビールをはじめとする酒類の香り研究について」『日本醸造協会誌』Vol.110 No.7。

日本政策投資銀行［2017］『新しい焼酎の時代〜香り高いプレミア焼酎と本格焼酎前線再北上の可能性』。

吉田元［1993］「外国人による清酒の紹介（Ⅲ）」『日本醸造協会誌』Vol.88 No.4。

第8章 "志民"が進める「まちなか」のプレミアム化
――地域文化の継承・創出

　「住む人」「来る人」の減少で，かつては地域の賑わいの中心であった中心市街地，「まちなか」の空洞化が深刻化しています。
　このような状況下，全国各地で地域独自の資源である地域文化（歴史や伝統行事など）の価値を再評価することで，「まちなか」に賑わいを取り戻そうという動きがみられます。
　地域創生とは，地域の価値である地域力を向上することです。そのためには，素材としての地域資源を磨き上げ，他地域と差別化できる新たなプレミアム価値の創出が求められます。
　「まちなか」の価値を引き上げる原動力となっているのは，自分たちの力で地域をよくしたいという志を持った地域人材，「志民」です。志民が域外の人材を受け入れて新たな地域文化を創造する活動（＝地域活性化プロジェクト）が，「まちなか」に新たなプレミアム価値を創出しています。

1　まちの誇りと新たな文化を生み出す ―「はっち」＆「まちぐみ」

青森県東南部の中心都市：八戸市

　青森県八戸市（人口23.1万人，2015年10月国勢調査）は，県東南部における経済の中心で，周辺6町1村（三戸町，五戸町，田子町，南部町，階上町，新郷村，おいらせ町）とともに形成された連携中枢都市圏の中心都市です。1964年の新産業都市指定後，製紙，非鉄金属等の工場立地が相次いだことで，臨海型・基礎素材型産業主体の北東北随一の工業都市として発展してきました。
　八戸市の中心市街地は八戸城の城下町として発展し，縦横に区画整理された街割りのほかに多くの小路・横丁が残っています。また，60万人を超える商圏

人口を擁した広域商業の中心であり，夏の「八戸三社大祭」や冬の「八戸えんぶり」など伝統的な祭りの舞台として，年間を通じて賑わいに溢れていました。

しかし，全国の地方都市と同様にさまざまな都市機能の郊外移転や車社会の進展を背景に，広域商業拠点としての地位に陰りがみられるようになりました。1990年代には郊外に2つのSC（ショッピングセンター）が開業，さらに隣接する下田町（現おいらせ町）にも大型SCが出店した結果，「まちなか」では大型店の撤退や閉店が相次ぎ，空洞化を余儀なくされています。

「まちなか」の交流・創造拠点「はっち」の誕生

商業機能を中心とした「まちなか」の衰退傾向に歯止めをかけ，失われつつある賑わいを再生するために，八戸市が第1期中心市街地活性化基本計画の中核施設として整備したのが，文化観光交流施設「八戸ポータルミュージアムはっち」です。2011年2月11日にオープンした「はっち」は市が直接運営しており，八戸の玄関口（ポータル）であるとともに，「まちなか」の新たな交流・創造拠点として，賑わいの創出に加えて観光と地域文化の振興で市全体の活性化を目指しています。

「はっち」の館内には，八戸の文化や歴史から食，地場産業までさまざまな魅力を凝縮した屋台型模型や市民作家のアート作品が展示されているほか，市民の手作りによる地産地消レストランやクラフト作家の工房兼ショップが入居しています。これらの展示を玄関口に見立てて，観光客やビジネス客など域外からの来館者を市全体が舞台の「フィールドミュージアム（＝屋根のない博物館）」に誘う仕組みが構築されています。

「はっち」は開業1年後に当初見込みの65万人を大きく上回る年間88万8,888人の来館者数を達成し，以降も毎年90万人超の来館者数を持続しています。「はっち」が数多くの集客イベントを通じて施設内外で市民に多様な交流機会を提供してきたこともあって，中心市街地の歩行者通行量は開業前（2010年）との比較で約3割増，新規事業所も80カ所以上開設され就業者数も増加するなど，「まちなか」は確実にその賑わいを取り戻してきています。

第8章 "志民"が進める「まちなか」のプレミアム化　135

写真 8-1
はっち外観
出所：八戸市提供。

アーティストと市民が手掛けるまちの「ソウゾウ開花」

　「はっち」では市民との協働により、地域資源を生かした「まちなか」の賑わいを創出してきています。その拠点となっているのが、アーティストが滞在しながら創作活動が可能な「アーティスト・イン・レジデンス」です。「まちなか」のど真ん中という、人と人とがコミュニケーションをとりながらアート作品を制作していくのに最適な立地は、アーティストからも好評を博しています。

　「はっち」から生まれた特徴的なアート作品が、「八戸のうわさ」プロジェクトです。「はっち」開業前の2010年に招へいしたアーティストの山本耕一郎氏により、「まちなか」の約200店舗を取材し、そこで得られたオリジナルのエピソード（うわさ）を統一されたデザインの吹き出し型シールで店舗のショーウインドーやシャッターなどに貼り出したアート作品です。老舗店舗の隠れた歴史や店主の意外な趣味や人柄などを紹介することで、親しみを感じた新規顧客の入店を促すなど、「まちなか」に新たな関係性を生み出しています。

　このほかにも、横丁の空き店舗や路地空間を小劇場に見立てて、ダンス、落語、演劇等のパフォーマンスを繰り広げるアートプロジェクト「酔っ払いに愛を〜横丁オンリーユーシアター」など、八戸横丁連合協議会や商店街との協働・連携により、「はっち」から「まちなか」へと賑わいが面的に拡がるとともに、「まちなか」に新たな地域文化が育ちつつあり、このことを「ソウゾウ

（創造，想像）開花」と呼んでいます。

写真 8-2
八戸のうわさプロジェクト
出所：八戸市提供。

市民集団「まちぐみ」が生み出すわがまちへの誇り

　「はっち」を拠点にアートプロジェクトを展開してきた山本耕一郎氏が，「八戸のまちと人に心底惚れ込んで」移住してきたことを契機に，2014年10月に自らが組長となって発足したのが，「まちなか」に楽しさを創り出す市民集団の「まちぐみ」です。加入する際の決まりごとは，「ニックネーム」と「まちぐみで活かしたい得意技」の登録のみ。活動時のユニフォームとなるお揃いのTシャツを1,000円で購入した瞬間から誰でも組員になれます。例えば，「背番号8番。ニックネーム＝まこちゃん。得意技＝指導力」は小林眞八戸市長です。

　「まちぐみ」は空き店舗を改修した「まちぐみラボ」を活動拠点に，誰もが気軽にまちづくりに参加できる場と機会が提供されています。2017年7月時点で八戸市民はもとより北海道から長崎，海外まで，年齢層も小学生から80代まで総勢380名の組員が登録しており，視察や出張で八戸を訪れた来訪者や，夏休みに帰省している学生でも気軽に参加できる"適度なゆるさ"が特徴です。

　「まちぐみ」が手掛ける活動の1つに，営業している商店などのディスプレイを独自の発想で制作・改修するリニューアルプロジェクトがあります。その代表例が，時代劇等でよくみられる悪代官が腰元の帯を解いていくシーンを象り「あ～れぇ～」と題した着物サロンのディスプレイで，「まちなか」のユ

ニークな名所となっています。

　このほかにも、「まちぐみ」ではプロジェクト参加店舗との話し合いを経て制作したユニークなディスプレイや、参加店舗と「まちぐみ」の双方のロゴ入りのオリジナル「日よけ暖簾」なども設置しています。このように、住民や商店主たちの目を引く形で次々と店舗の雰囲気を変えていくことで、「まちなか」にこれまでとはまったく異なるイメージを創出しています。

写真 8-3
「着物サロン×まちぐみ」のリニューアルディスプレイ

出所：八戸市提供。

「まちづくり」を通じて未来のUターン者を育てる

　全国の地方都市に共通の課題である人口減少と若者の域外流出は、八戸市にとっても深刻な問題です。「まちぐみ」では地元の高校生など若者が活躍できる場と機会を増やすことに力を入れています。一人ひとりが空き時間に少しずつ力を出し合い、さまざまな世代や職業の人たちと一緒に気楽にまちづくりに関わることで、一体感や達成感の共有を通じて八戸のまちや「ナマの八戸人」に愛着や親近感を抱くことができれば、やがて、まちへの誇りや自信となります。

　「進学や就職で一度は八戸を離れても、帰省の度に子供たちを連れて地元のまちづくりに参加し、いつかは八戸に帰ってくるUターン者を増やすことが自分たちの使命」という山本組長の言葉には、自らもIターンして八戸市民となった熱い思いが溢れています。「このまち（八戸）がもっと、このまちらし

く輝くため」に開設され，"シビックプライド"を醸成し続ける「はっち」と，そこから生まれた"志民"集団の「まちぐみ」は，「ナマの八戸人」たちとともに新たな地域文化を生み出しながら，まちへの誇りを伝播し続けています。

写真 8-4
まちぐみコアメンバー集合
出所：八戸市提供。

2　多彩な志民が「まちなか」で新たな文化を創造する
―「ゆりの木通り商店街」&「万年橋パークビル」

静岡県最大の都市：浜松市

　静岡県浜松市（人口79.8万人，2015年10月国勢調査）は県下最大の人口を擁する政令指定都市で，遠州地域はもとより愛知県東三河地域，長野県南信州地域で構成される三遠南信広域都市圏における拠点都市です。江戸時代より綿織物の生産地として栄え，高度成長期には繊維，楽器，オートバイの三大産業の隆盛期を迎え，数多くの世界的企業発祥の地として我が国の発展を支え続けてきた国内有数の産業都市です。

　浜松市の中心市街地には，最盛期には数多くの百貨店と大型スーパーが立地して巨大な商業集積（松菱，西武百貨店，丸井，遠鉄百貨店，長崎屋，ニチイ，イトーヨーカドー，JR浜松駅メイワン等）が形成されていました。しかし，郊外の平野部に居住人口が拡散し，大型SC（ショッピングセンター）の立地が進んだことで，「まちなか」の大型店舗は相次いで閉鎖・撤退しました。また，大型店舗を取り巻くように集積していた商店街も急速に空洞化が進み，現在では空き店舗と全国チェーンの飲食店が目立つ状況となっています。

第8章 "志民"が進める「まちなか」のプレミアム化　139

商店街の空き店舗を多彩な人材の活動の場に！

「ゆりの木通り商店街」は，JR浜松駅から北に徒歩約10分，東海道の旧街道沿いに位置しており，東西約500メートル，3つの商店街（協同組合浜松ショッピングセンター，田町東部繁栄会，神明町繁栄会）から構成されています。この商店街の中心的存在が，田町東部繁栄会会長で立体駐車場ビル「万年橋パークビル」を運営・管理する鈴木基生氏です。

鈴木氏がゆりの木通りに関わり始めた2006年当時には，商店街の67店舗のうち創業以来100年以上続く老舗が10数店立地しており，大型店には置かれていないこだわりの品物を扱う商店街として独自の賑わいをみせていました。しかし，ゆりの木通りも2009年頃から次第に空洞化が進行し，空き店舗は最大で17カ所にまで増加していました。

このような状況に対して，鈴木氏はゆりの木通りに関心を抱いて集まってきたアーティストや建築家，イラストレーター，デザイナー，近隣大学の学生などのクリエイティブな感性を持った人々に，活動の場として積極的に空き店舗を提供してきました。外部から集まってきた人々が持ち込んだ商店街にはなかった多種多様なアイデアを，鈴木氏が地元の商店主たちに橋渡ししたことをきっかけに，その後，ゆりの木通り界隈でさまざまな集客イベントが実施されるようになりました。

お互いを知ることから始めよう！「ネイバーズデイ」＆「手作り品バザール」

ゆりの木通り商店街では，これまでにも地元シンクタンクの静岡県西部地域しんきん経済研究所との協働で，地域課題を検証しそれらを解消するためにさまざまな実証事業を行ってきました。その代表例が，商店街内部の体制構築・連携強化のための「ネイバーズデイ」です。朝食会を利用して，新規出店者のみならず，業種の垣根も超えた既存店舗同士の貴重な交流・情報交換の機会となっています。

また，自らの商店街の強みである「こだわりの品物を扱う店舗の多さ」を継承していくための土壌を作る試みを行っています。具体的には，商店街の女性

たちが取り仕切っている集客イベントの「手作り品バザール」を活かして、商店街の既存店舗（の店主）と手作り品を持ち込み販売する参加店舗（の出店者）の交流を促し、店舗やまちを知るきっかけとするのに加えて、商店主だけでなく不動産業者や金融機関を巻き込んで、"ゆりの木通りらしい物販店"の誘致も始めています。

写真 8-5

ネイバーズデイの様子

出所：ゆりの木通り商店街提供。

写真 8-6

手作り品バザールの様子

出所：ゆりの木通り手作り品バザール
　　　実行委員会提供。

人が集まりアイデアが湧き出る源泉「万年橋パークビル」

　ゆりの木通り商店街では、「新しいことを生み出すことに挑戦したいクリエイティブ気質の若者たちと、商店街の専門店ならではの人とコミュニケートする能力や飾らない人柄の商店主たちがうまくマッチして（鈴木氏談）」、さまざまな企画が自然発生的に生まれています。

　ゆりの木通りに外部から集まってくるクリエイティブな人々の活動の拠点となっているのが「万年橋パークビル」です。1987年に浜松市営で設立された10

階建て自走式立体駐車場は，2011年に民営化され，2014年からは鈴木氏が床を買い取って運営しています。

1階テナント部分には誰もが利用できるコミュニティスペース「黒板とキッチン」，2〜8階が駐車場，9，10階の住居部分には男女別のシェアハウス，4階には能舞台，8階には本物の古民家を用いた囲炉裏スペースが設置され，イベントの開催できるフリースペース「hachikai」としてさまざまな目的で利用されています。

その外観からは思いもつかないような機能を備えた「まちなか」の"屋根のある広場"として，まちの内外から集まった多彩な人々の交流を通じて，常に新たなアイデアが生み出されているのです。

写真 8-7
万年橋パークビル外観
出所：万年橋パークビル提供。

写真 8-8
駐車場ビル内の能舞台
出所：万年橋パークビル提供。

「ひと」と「まち」の結節点を目指して

「万年橋パークビル」の存在は口コミで広がっており，鈴木氏のもとにはアーティスト，大学関係者，NPOなど多種多様な人々から，ゆりの木通りを対象とした集客イベントなど，さまざまな企画が持ち込まれています。「hachikai」では明確な使用条件や基準は設けておらず，外部からの利用希望や問合わせに対しても，「顔を突き合わせてコミュニケーションしていくなかで，僕と気が合った人（鈴木氏談）」かどうかで利用の可否を決めています。

集客イベントはまちの日常とつながっていないと意味がない。集客とは人と人との関係を築くことであって一過性の人数ではないといった鈴木氏のまちづくりにおける信念に賛同する多彩な人々が，イベントを通じてまちに新たなアイデアや文化を持ち込み，それらを受け入れてくれる商店街を「居心地のよい場所」として愛着を抱き始めています。ゆりの木通りでは，マニュアル通りに人を育てる仕組みやきちんとした組織を設けるのではなく，若者たちが自らを表現したり，チャレンジできる場となることで，彼らが成長していくエネルギーを取り込み，「まちなか」に新たな価値を生んでいるのです。

写真 8-9
「hachikai」でのイベント風景

出所：青木遥香撮影。

写真 8-10
コミュニティスペース「黒板とキッチン」
出所:筆者撮影。

3 志民が育むタウンシップのまちづくり
―地域づくりマネージャー養成塾&タウンシップスクール

北九州市の副都心:八幡西区黒崎地区

　北九州市八幡西区(市人口96.1万人,八幡西区人口25.6万人,2015年10月国勢調査)の中心である黒崎地区は,江戸時代に長崎街道の宿場町で大坂へ向かう渡海船の湊を擁する交通要衝として繁栄しました。現在もJR黒崎駅を拠点に鹿児島本線と国道3号線の交通幹線に加え,バスや筑豊電鉄で筑豊地域とつながる交通結節点として機能しています。

　JR黒崎駅の南側に商業・業務機能が集積した中心市街地は,放射状に形成された複数商店街が広範な商圏を形成していました。しかし,1990年代半ば以降は郊外大型店舗の進出が相次ぎ,その地位は年々低下していきました。さらに,2000年代には2000年12月に黒崎そごう,2002年2月に長崎屋が閉店するなど大型店を失った「まちなか」の衰退傾向が明らかとなり,小売業年間商品販売額も1991年の1,149億円から2002年の491億円と約10年間で半減しました。

黒崎副都心の"顔"コムシティの破綻と再生

　北九州市では，1992年に策定した「黒崎副都心構想」のリーディングプロジェクトとして，「黒崎駅西地区市街地再開発事業；コムシティ」が計画され，2001年11月にはホテル・鉄道・バスターミナル・公益施設「子どもの館」を備えた複合商業施設「コムシティ」がオープンしました。

　しかし，商業環境の悪化から当初予定のテナントが集まらず，開業からわずか1年半後の2003年6月に一部施設を除いて閉鎖されました。その後，地元財界から要請を受けた北九州市が「コムシティ再生のあり方検討会」を設置，2011年7月には再生計画に基づき商業床を購入し，2013年5月に八幡西区役所などの公共施設を移転させた新生「コムシティ」が再オープンしました。

　なお，再生に関する検討会で出された「北九州の副都心として小倉にはない役割を持たせるべきであり，ものづくりのまち北九州を支えていく人を育てる必要がある」との意見を受けて，新たな施設には「人づくり支援機能」が設置されています。

若者世代の新たな活動拠点「北九州市立ユースステーション」

　「破綻した施設の中でも唯一営業し続けてきた子どもの館を利用して成長した中高生の居場所づくりが必要である」との提案を受けて，新生「コムシティ」に設けられた特徴的な施設が，「北九州市立ユースステーション」です。交通結節点のJR黒崎駅隣接という好立地に加えて，下校後でも利用できるよう開館時間（平日13～21時，土日祝日10～21時）が設定されています。室内には友人たちと宿題や自習に利用できるフリースペースや中高生でも負担可能な料金設定のキッチン・ダイニング，工芸室，音楽スタジオ，ダンスの練習もできる多目的ホールが設置されるなど，利用者数も平常時で1日平均100人以上，学校の定期試験直前には300人を超えるほどの人気施設となっています。

　ユースステーションには専任スタッフが常駐していますが，施設利用者である中高生と大学生から構成されたボランティアサークルの「みつばち」も組織されています。受付業務の補助に加えて文化祭やライブなどの自主企画の運営

第8章 "志民"が進める「まちなか」のプレミアム化　145

写真 8-11
北九州市立ユースステーション
出所：北九州市立ユースステーション提供。

を通じて，地域の若者たちが年齢・学年・学校を超えた交流により，社会性や自立性を身につけたり，若者たちの新たな文化が生まれ始めています。

産学協同の学びの場「地域づくりマネージャー養成塾」

　北九州市では2000年代における黒崎地区の主要課題の1つであった「商店街の復活」を後押しするために，2008年7月にJR黒崎駅南側一帯の約70haを対象とした「北九州市中心市街地活性化基本計画（黒崎地区）（以下，中活計画）」が策定され，計画を実践するためのタウンマネージャーが派遣されました。しかし，ベンチマークとされた小売業年間商品販売額，歩行者通行量はともに目標値を大きく下回り，商店街の復活にはほど遠い状況のまま2014年に計画期間が終了しました。

　このような黒崎地区の状況に危機感を抱き，タウンマネージャーに代わって「まちづくりができる地元の人づくり」を目的に，2012年10月に「地域づくりマネージャー養成塾（以下，養成塾）」が開講されました。養成塾創設の主体となったのが，「黒崎副都心構想」が策定された1992年7月に地元企業・自治会・各種団体・住民有志が設立した「副都心黒崎開発推進会議」です。

　養成塾では地元北九州市立大学が中心となって作成したカリキュラムに基づいて，域外から実務家や専門家を招聘しながら，年10回，毎回2～3時間の講義に加えて，グループディスカッションやフィールドワークも実施してきています。

志民の手によるまちづくりビジョン「黒崎タウンシップ宣言」

　地元企業職員，自営業者，主婦など多種多様な顔ぶれの塾生たちは，時間をかけて少しずつ「マーケティング」「コラボレーション」「ソーシャルビジネス」「コミュニティ・デザイン」など，地域づくりに必要とされるスキルと知識を習得していきました。さらに，ワークショップで導き出した「住みやすいまち，住みたいまち」や「ひとづくりが充実したまち」についての具体的アイデアをもとに，開塾3年目の2014年に「新・黒崎まちづくり戦略（素案）」をまとめました。

　その後，日本の都市工学の第一人者であり，北九州市のまちづくりにも造詣の深い日本学術会議会長の大西隆先生を招いた公開討論会を経て，2015年7月には「新・黒崎まちづくり戦略 黒崎タウンシップ宣言（以下，タウンシップ宣言）」を取りまとめました。この「タウンシップ（Township）」はTownとFriendshipを組み合わせた造語で，「まちづくりを通じて育む友情」を意味しています。

　「タウンシップ宣言」では，新たなまちづくりのコンセプトとして，『多世代かつ多様な人々が「出会い」「つながり」「高めあう」副都心を目指す』こと

写真 8-12
新・黒崎まちづくり戦略
「黒崎タウンシップ宣言」

出所：筆者撮影。

を打ち出し、加えて、自らの掲げた39の戦略実現に向けた体制や具体的なスターティング・プロジェクトについても提案しています。そのなかで既に実現しているのが、黒崎地区に立地する企業や個人商店などの創立・開業記念日をオール黒崎で祝うために作成された「お祝いカレンダー」です。

また、2016年には予算ゼロから地元企業や商店、地域団体などの協力を得て7年ぶりに「黒崎96（くろ）の日」を復活させています。平日火曜の9月6日の19時6分にスタートしたメインイベントの「黒崎96の日 乾杯大会」では、普段は人通りも疎らなアーケードに黒崎に住む人、働く人約1,500名が集結して一緒にまちの記念日を祝いました。

写真 8-13
「黒崎96（くろ）の日」の様子

出所：副都心黒崎開発推進会議提供。

写真 8-14
黒崎お祝いカレンダー

出所：副都心黒崎開発推進会議提供。

「タウンシップ宣言」は，自らの子供たちが住めるまちの将来を考えた志民集団の「副都心黒崎開発推進会議」が中心となり，道半ばで役割を終えた「中活計画」を継承している点で，"シビックプライド"を顕在化させた好例として北九州市からも高い評価を得ています。

まちづくりの裾野を広げる「タウンシップスクール」

2012年5月に養成塾に先立って発足したのが，大人世代のコミュニティ活動の「タウンシップスクール（TSS）」です。かつて「コムシティ再生のあり方検討会」にも関与した市民代表が主宰する「TSS」は，まちと人の友情・絆を育むことを目的に，資金がなくても楽しく自主的にまちづくりに関わりたいという「志民」が集まる"大人の部活（まち活）"とも呼ばれています。

「TSS」では，商店街等の既存組織の枠にとらわれず，これまでまちづくりに関わったことのない市民でも気軽に楽しく参加できるように，3つの部活（マップ部，まちの合唱部，まちの雅楽部）と1つの事業（黒崎Dakaraまちごと寺子屋）を設けています。「マップ部」では「居酒屋中心の夜のまちでランチを食べるところがない」と言われてきた黒崎地区において，昼間の賑わい創出と「まちなか」の魅力と情報を発信すべく，部員が実際に手弁当で食べ歩いてランチマップを作成・配布しました。

「歌って異業種交流，歌でまちをひとつに」を合言葉に結成された「まちの合唱部」では，黒崎地区で開催されるさまざまなイベントに出演し歌声を披露してきています。「黒崎Dakaraまちごと寺子屋」では，地域におけるコミュニティの場である神社・仏閣を活用したさまざまな講座を通じて，市民活動への参加を促したり，「まちなか」への愛着を深める機会を提供しています。

このように，北九州市の黒崎副都心ではかつての商業への過度の依存から脱却し，多様なコミュニティが生み出した賑わいの裾野がゆっくりと確実に広がっています。**黒崎地区では，学びの場としてのユースステーションからTSSや養成塾を経て，プロジェクトを実践する副都心黒崎開発推進会議に至るまで，あらゆる世代がまちづくりに参加できる志民による地域文化が根付き始めています。**

4 「まちなか」に賑わい（＝プレミアム）を取り戻すために

「まちなか」の賑わいづくりの３つのポイント

多くの地方都市ではこれまでに失われた「まちなか」の賑わいを再生すべく，商業施設を中心とした市街地再開発事業や市民ホールなどの"ハコモノ"公共事業が計画されてきました。しかし，地権者かつ最大のスポンサーでもあった公共セクター（国・地方自治体）の財政逼迫により，計画の多くは見直しを余儀なくされ，凍結・頓挫するケースも出るようになりました。

また，民間セクターについても，商業環境の変化や地権者の高齢化，後継者不在などで再投資意欲が減退しているために，地方都市の「まちなか」への大規模投資が実現するケースはきわめて少なくなっています。

本章で取り上げた３つの事例では，「まちなか」の賑わいを再生するプロジェクトの実施にあたって，以下の３つの共通点が挙げられます。第１に，その「舞台」として従来の中心市街地である「まちなか」が選ばれており，近隣住民だけでなく広く郊外や域外の住民やまちへの来訪者からも関心が得られていること。第２に，官民どちらかの主導で始められたプロジェクトであっても，その後の運営には住民を含む多様な主体が参加していること。第３に，単発のイベントに止まらず，活動を継続していくための緩やかな組織とその活動拠点・学びの場が存在していること，です。

「まちなか」再生に向けた３ステップ

地域活性化プロジェクトを企画から実行に移していく際には，いきなり大規模かつ実現に長期間を要するものに取り掛かるのではなく，以下の３つの段階（ステップ）を経ていくことが重要です。

第１のステップは，住民，地権者，利用者，行政など「まちなか」関係者が参加して勉強会・研究会など重ねることで，まちの方向性（ビジョン）を描く前提としての地域の課題と可能性を共有しておく必要があります。

第2のステップは,「まちなか」の住民に加えて,まちの利用者や観光客など「来る人」も対象とした集客イベントの実施です。地域独自の資源をテーマとしたイベントへの参加を通じて,住民たちに資源の持つ価値を浸透させ,まちへの愛着や思いを醸成することが,まちづくりに関わる志民の裾野拡大につながっていくのです。

　第3のステップは,「まちなか」における志民の活動拠点「学びの場」づくりです。設置される拠点は新設物件に限らず,空き店舗など既存物件のリノベーションも含まれます。また,「まちなか」の拠点はイベント時だけでなく常設とすることで,まちづくりに関心を抱く志民の日常的な交流拠点としての機能も期待されています。

志民が築く「まちなか」の新たな地域文化

　人口減少が進むなかで今後も地方都市の「まちなか」が賑わいを維持していくためには,居住環境の整備により都心部に「住む人」を増やすとともに,まちの利用者である「来る人」を増やすための仕掛けづくりが重要となります。

　その際には,近隣住民だけでなく広域からも多くの人々を惹きつけるために,「まちなか」で先人たちが築いてきた歴史や伝統文化の価値を再認識したうえで,域外からのアイデアを取り入れつつ,新たな地域文化を創造していく必要があります。**地域活性化プロジェクトの主体となる志民を増やしていくことこそが,他地域に真似のできないプレミアムな「まちなか」を築いていくための必要条件なのです。**

▶▶▶参考文献

九州経済調査協会［2016］『2015年度九州経済白書　都市再構築と地方創生のデザイン』九州経済調査協会.

静岡県浜松市［2016］「浜松市中心市街地活性化基本計画（第2回変更）」.

「特集　シティプロモーション再考」『地域開発』Vol.570［2012］日本地域開発セン

ター。
「特集　まちなかの社交場─市場と屋台村」『地域開発』Vol.588［2013］日本地域開
　発センター。
「特集　まちなかの集客プロジェクト」『地域開発』Vol.593［2014］日本地域開発セ
　ンター。
「特集　志民と志金で進める地方創生」『地域開発』Vol.616［2016］日本地域開発セ
　ンター。
八戸市［2009］「八戸ポータルミュージアム施設活用基本計画書」。
副都心黒崎開発推進会議［2015］「新・黒崎まちづくり戦略　黒崎タウンシップ宣言」。
まちぐみ［2016］『八戸市中心街　まちぐみ展記録集』まちぐみ。
間淵公彦［2015］「『ゆりの木通り商店街』活性化への取り組み」『日経研月報』2015
　年1月号，日本経済研究所。

第9章 里山・里海を守れ！
——生き残りを賭けた条件不利地域のプレミアム化戦略

　農山漁村や離島，半島などの条件不利な地域には，これまでさまざまな政策が講じられてきました。しかし，問題は深刻化の一途をたどっています。

　このような危機的な状況のなかにおいても，地域にある景観，歴史的建造物や技術，文化などの有形・無形の価値を再構築し，産業振興によって，成果を上げ始めた地域がみられるようになりました。

　また，生活レベルの課題については，行政に依存せず，住民主体によって社会的包摂（社会的に弱い立場にある人々をも含め，一人ひとりを孤独や孤立から擁護して社会の一員として取り込み支え合う考え方。Social inclusion）の実現を目指す動きも増えています。

　地域が今後も持続していくためには，産業振興か社会的包摂かを二者択一するのではなく，両者が相互に作用し合う新たな仕組みづくりが必要です。

1　条件不利地域とは何なのか

人口流出が続く条件不利地域

　日本の総人口は減少局面に転じました。今後，世界でも類例のない未曾有の少子化・高齢化が訪れることが見込まれています。

　そのような状況下でも，首都圏をはじめとした一部大都市圏への人口集中は依然として続いています。総人口が減少しているなかで一部の地域に人が集まっているということは，裏を返せば，人口流出地域では加速度的に人口減少が進んでいることを意味しています。

　実は，地方圏，なかでも商業や産業が集積している都市部からアクセス性に難がある地域や人口が希薄な過疎地域，半島や離島，豪雪地帯など生活条件に

不利を伴う地域（以下，条件不利地域）にとって，人口問題は降ってわいた問題ではありません。高度経済成長期に，政府は「所得倍増」を実現する具体策として太平洋側を中心とした基幹インフラの整備や重厚長大産業の集積に着手しました。これは多くの労働力を要したため，条件不利地域にて家督を継承しない次男，三男などの若い働き手は，人手が不足する大都市圏へ集団就職するようになりました。この期を境に，**大都市圏と条件不利地域の間では，労働力に関して需要地と供給地という構図が定着したことになります**。以後，条件不利地域の基幹産業である農林漁業よりも，発展した都市部で効率的に稼ぐことが志向され，条件不利地域の大多数では長期的な人口流出が続いています。

条件不利地域を追い詰める負のスパイラル

　人口が減少するということは，市場の規模が縮小することを意味します。もともと小売業やサービス業などの事業所数や業種が多くない条件不利地域に，人口問題が直撃しました。消費者が減ったことで事業の不採算性が高まり，また，若年層の極端な流出が担い手不足にもつながって，条件不利地域からの店舗撤退や廃業が相次ぐようになりました。このことによって生活環境はさらに不便となり，人口の流出に拍車がかかるという悪循環に陥っています。

　極限レベルまで進んだ人口減少と少子化・高齢化は，条件不利地域に切り口の異なる課題をもたらしました。核家族化から世帯の極小化へ移行するなか，加齢に伴う身体能力の低下をはじめ，家庭内の課題を身内で解決する「自助」が機能不全へと陥ったのです。加えて，暮らす人の数が減った結果，居住の希薄化が進み，近所付き合いや友人などで支え合う「互助」機能にも綻びが生じてしまいました。条件不利地域のもつ**"田舎ならではの強み"ともいえる地域コミュニティは弱体化の方向に進んで，それが地域課題の循環的・複合的進展の一因と指摘されています**（前田［2017］）。

　他方，2000年代に入って強力に推し進められた「平成の大合併」により日本の自治体数は半減し，行政区域の広域化に対応するために分庁舎方式が採用されました。しかし，機能面でスリム化された分庁舎では用が足りず，人員面で

もスリム化されたため地域の隅々まで目が行き届かないなど，とくに合併市町村の縁辺部で行政サービスの受容が困難な地域が生じています。

　高齢化の進展による社会保障費の増加は避けられません。また，高度経済成長期に整備したインフラが一斉に老朽化を迎えるため更新コストも増大します。これらが逼迫する行財政をさらに圧迫することになります。近年では利用頻度の低いトンネルや橋を更新せずに撤去するケースが散見されるようになってきました。「公助」への依存もいよいよ限界が近づいています。

条件不利地域に対する考え方
　危機的な状況にある条件不利地域に対し，政府は山村振興法や過疎地域自立促進特別措置法など地域振興立法5法の改正による制度的・財政的・税制的な支援に乗り出しました。さらに，「コンクリートから人へ」のスローガンのもと，条件不利地域で払底する人的リソースについて，外部からサポート人材を送り込んで補完する制度が創設されました。集落支援員や地域おこし協力隊です。

　また，「地方創生」の大号令のもと，政府の旗振りにより各自治体が受動的に政策立案と目標値の設定を行ったことは記憶に新しいでしょう。これは，地域が直面する危機について，現場においても数値的に客観視してもらおうという意図があったように思われます。

　本稿はこれらの是非について問うものではありません。とはいえ，手厚い支援がなされてもなお「限界集落」（大野［1991］）の用語は四半世紀にわたり定着し，一過性の話題提供に終わると思われた「消滅可能性都市」論（日本創成会議・人口減少問題検討分科会［2014］）が未だまことしやかに囁かれています。こうした現状を考えると，心のどこかで諦め，それを受容している向きがあるのかもしれません。経済的な合理性だけを考えれば，限られた労力やコストを条件不利地域の維持に割くよりも，それらを移出産業（地域外の市場で稼ぐ産業）の成長力や競争力の向上に振り向けるべきだという考え方もあるでしょう。一方，そうした考え方は人口増加期に形成された社会システムや制度，

価値観に支配されており，それらと現実に起こっている喫緊の課題に乖離が生じていることを危惧する「システム過疎」（徳野［2007］）も提起されています。

いずれにせよ，条件不利地域では刻々と課題が深刻化しています。机上での議論は課題の解決には直結していません。それでは，国土面積の9割以上を占める条件不利地域の大多数は，衰退する地域の姿を目の前に，議論の行方を見守るしかないのでしょうか。果たして講ずる手立ては何もないのでしょうか。

危機的状況が生み出した反作用

一部の条件不利地域では，官民問わず地域の関係者が主体的に行動を起こし始めています。とくに，外的要因による基幹産業の停滞や交通インフラの廃止などにより，条件不利地域のなかでも先行的に人口減少に見舞われた地域では，直面する危機に対する反作用として，他の条件不利地域に先駆けてそうした活動が実践されています。そして興味深いことに，**隔絶された条件不利地域だからこそ保全された環境を価値に転換することによって，定住人口・交流人口・外貨の獲得に成功しているケースがあるのです。**

本稿では条件不利地域の持続を目指して「暮らし」「仕事」「文化」に新たな価値を見出していく取組みと，少し軸は異なりますが「自助」「互助」「公助」が喪失した先を見据えた取組みを紹介します。

2 「暮らし」の価値の見直し —北海道下川町

森林資源を無駄なくカスケード利用

北海道旭川市の北方100kmほどに位置する下川町は，農林業と鉱業によって栄えたまちです。人口ピーク時（1960年）には1万5千人以上が暮らしていました。その後，銅山の休山や林業の衰退，営林署の統廃合，JRの廃止などにより急激に過疎化が進み，現在は人口3,355人（2017年1月現在，住民基本台帳，以下同じ）と往時の1／4以下にまで減少しています。

森林が町面積の約9割を占める下川町は，早い段階から森林資源の活用に

よって生きていくことを覚悟しています。1953年には，雇用の確保と地元資材工場への木材の安定供給を目的に，町財政の9割を投下して国有林の払い下げを受けました。その後，計画的な植林と伐採により持続可能な森林経営の基盤を整備しています。木材価格の低迷により地域経済が厳しい状況に追い込まれても，官民一体となって打開策を検討し，森林資源を余すことなく利活用する「カスケード利用」によって難局を乗り越えてきました。FSC森林認証による高付加価値化，地域材活用住宅の推進，建材以外での利活用などの取組みです。

　下川町では，カスケード利用の最終形態として燃料用チップを製造し，それを活用してバイオマスエネルギーを生み出しています。町内に設置された11基のバイオマスボイラーから町営病院や町営住宅，幼児センター，高齢者施設，公共温泉，農業用育苗ハウスなど約30カ所の公共施設に熱を供給しています。今や，公共施設での熱需要量の約6割が地元産のエネルギーに置き換えられ（2016年度概算6,840万円分），域外へと出ていくだけだった灯油代は当初計画より1,700万円／年も削減されました。**削減コストは基金に積み立てられ，半分は設備の更新に，残りの半分は子育て支援**（中学生までの医療費無料化，保育料の1割減免，給食費の2割減免，3歳未満児童へ月3,000円の商品券配布，不妊治療の補助）に充てられています。

写真 9-1
熱供給施設を備えた町営住宅

出所：筆者撮影。

下川モデルによる集落再生への挑戦

　下川町では極めて先鋭的な取組みがみられます。集住化による集落の再生です。町中心部から約12kmの距離にある一の橋集落は，かつて2千人以上あった集落人口がわずか139人（2013年，減少率93.2％）まで落ち込み，下川町のなかでも際立つ活力の低下が懸念されていました。また，著しい人口減少と高齢化は，商店の廃業による不便な買物環境や除排雪の困難性，住宅の老朽化や廃屋の増加による社会不安，極端な地域コミュニティ活動の低下といった地域課題を引き起こしていました。これらを解決し，自律的かつ安定的な生活を実現するモデルとして「一の橋バイオビレッジ構想」が検討されたのです。

　具体的には，長屋風の廊下でつながった26戸の集住化住宅，警察官立寄所，郵便局，住民の寄合所が併設された「住民センター」，食堂とミニスーパーを兼ねた「駅カフェ　イチノハシ」，新産業の創出が期待される「特用林産物栽培研究所」「コンテナ苗栽培施設」「誘致企業研究施設」を集めて拠点化しました。また，**木質バイオマスエネルギーによって給湯と暖房（一部電気）を賄い，集落支援員や地域おこし協力隊などの「補助人」が「高齢者の見守り」「買物支援」「公共施設の管理」を担う**などソフト面からも暮らしを支えています。

　集住化とエネルギーの自給による対策を講じた結果，町内のほとんどの地域で人口が減っているにもかかわらず，一の橋では人口が維持されています。補助人を投入したことで高齢化率（65歳以上比率）も52.6％から24.9％へと半減しました（2010年→2015年）。交通アクセスの見直しや診療所の設置，日常的な遊び場の提供など，利便性の向上を図る余地はまだ残されています。しかし，暮らしている住民からの評判はよく，入居希望者が後を絶たない状況をみれば，取組みは一定の成果を得たといえるのではないでしょうか。

　下川町では，林業を生業としてきた一の橋の次に，生活スタイルや背景が異なる農業エリアでも同様の取組みにチャレンジする方針を固めています。将来的には拠点化した集落の数を増やすことによって，下川町総体としての持続性を高めていくことを目指しています。また，そこで得られた実証データやモデルを，同様の悩みを抱えるほかの条件不利地域に伝播していくことも視野に入

れられているところです。北端の小さなまちで始められた壮大な挑戦は，これからも続きます。

3　「仕事」の価値の見直し —長崎県松浦市，平戸市，佐々町

繊維産業の衰退

　1960年代初頭まで炭坑のまちとして栄えた長崎県松浦市（人口23,725人）は，最盛期の1960年には6万人以上が暮らし賑わう一大集積地でした。しかしながら，基幹産業である石炭産業の衰退によりヤマが次々と閉山すると，急激に地域経済が冷え込んでしまいました。職を失った鉱夫たちは家族を養うため都市部へと出稼ぎに行き，市内には多くの女性が取り残されました。

　その女性を労働力として当て込み，非熟練労働者でも就業可能な産業として地域に根づいたのが繊維縫製業です。1969年のエミネントスラックス誘致を皮切りに，ユニチカ，自重堂といった大手の繊維縫製業が相次いで当地に進出しました。地元経営者による下請け工場なども誕生し，松浦市を中心とする北松地区には川上から川下までの繊維縫製業が集積していきました。

　しかし，国内産業構造の重化学工業化やアジア諸国の繊維自給度の向上など，時代の変遷がまたもや北松地区の産業を直撃します。1990年代になると，**消費者ニーズの多様化と円高による輸入品との価格競争，人件費抑制や経営効率化を目指す企業の生産拠点移転**など，繊維業界を取り巻く環境はさらに厳しくなりました。1999年，政策面で繊維工業を支えてきた繊維工業構造改善臨時措置法の廃止で，国内の繊維産業の斜陽化は加速しました。

　海外移転に伴うとはいえ現地から見れば工場の"閉鎖"，それによって引き起こされる大規模リストラなど，繊維産業そのものに対して不安定なイメージが定着していたこともあり，事業テコ入れのために人材を集めようにも求人が得られず，産業の活性化に取り組めないという悪循環へと陥っていきました。こうして松浦市だけでも40ほどあった繊維関係事業所は5〜6社まで減少し，事業者同士が連携して新たな商品開発を行う環境も損なわれてしまいました。

民間主導の高付加価値化プロジェクト

　こうした厳しい逆風のなか，地域経済と雇用の維持に寄与してきたのが，スラックス製造における国内トップシェアを誇る前述のエミネントスラックス，1974年に設立され100人以上の雇用を抱えるアリエス（平戸市，ジャケット製造），戦後間もなく母体が設立され1991年に分社として誘致されたジョイモント（佐々町，シャツ製造）です。

　これら3社は繊維縫製業の歴史に裏打ちされた高い技術力を背景に，それぞれが個別に大手ブランドからOEMで受注生産を請け負ってきました。ただし，一言で繊維縫製業といっても，3社の強みや得意分野の技術は異なっています。構造的な問題ともいえる地場産業を覆う閉塞感に対峙するため，3社は初めて本格的なアライアンス体制を構築することとしました。**各社が培ってきた強みと技術を持ち寄り，オリジナル商品を開発することによって地場産業に革新と進化を促す道を模索**したのです。これまでのように発注元と受注元の間で構築される垂直的な関係に依存するのではなく，同業他社との水平的な連携から新たな技術力を開発，高度化，提案し，自ら価格設定することによって，既往取引先または新規市場に対して競争優位性を獲得することが企図されていました。

　2015年10月，新たなブランド商品の開発プロジェクトを推進するための母体として，3社を中心とした官民組織「最西端の最先端ファッションプロジェクト（委員長：前田周二氏，エミネントスラックス代表取締役）」を組成し，具体商品の開発に着手しました。紳士用スラックス，ジャケット，シャツの製造に秀でた3社の技術力を結集したビジネス・パーソン向けの商品を開発するにあたり，繊維縫製業の集積地だからこそ成し得る縫製技術の高さを「仕立てのよさ」「着心地の良さ」「高い機能性」から成る「Nagasaki Quality」と位置づけて，"技術の見える化"を試みています。また，ターゲットの絞り込みや，より訴求しやすい商品コンセプトの設定についても，綿密なマーケティング調査と分析によって明確に方向づけられました。

　こうして開発された新ブランドは「WESTORY（ウェストリー）」と名付けられました。この特徴的な造語について，前田氏は以下のように語っています。

「3社の思いを「We(我々)」に託し,日本の最西端地域を意味する「West(西)」,最高の縫製技術を「est(最上級を表す語尾副詞)」で示し,工場の今までの歴史とこれから始まる新しい流れ+着用される方々のさまざまなシーン・出会い・感動を「Story」で表しています。」

現在,このプロジェクトでは,2017年10月の新ブランド発表に向け,マスコミ関係者との調整や当地出身の著名人との折衝が進められています(2017年8月現在)。商品販売前ながら,既に海外ファッションブランドとの連携の道筋が示されるなど,実売後の展開に大きく期待が膨らんでいます。

地域に根づいた知恵や技術を持ち寄った民間企業のマルチラテラル(多面的)なネットワークは,地方都市が国家や大都市へと従属せずに強い産業クラスターを形成してきたイタリアの産業政策にも共通する部分があると思います。最西端での取組みは,今後,条件不利地域のものづくり産業が目指すべき指針となるかもしれません。

写真 9-2
WESTORYのブランドロゴ
出所:最西端の最先端ファッションプロジェクト提供。

4 「文化」の価値の見直し ―長崎県小値賀町

民泊事業は無形の価値の商品化

東シナ海に浮かぶ長崎県五島列島の小値賀島(人口2,576人)は,奈良時代には遣唐使の寄港地となるなど,古くから日本と中国を結ぶ中継港として栄え

てきた離島です。農漁業を基幹産業としてきましたが,産業構造の転換や農水産物の価格低迷などを背景に,仕事を求めて島を出る人が後を絶たなくなっていました。

　島には高校こそあるものの,島内での就職先は極めて限定的です。島の仕事では将来の展望が開けないと家庭で教育されていることもあり,ほとんどの学生が高校卒業と同時に島外へと流出していました。島へ帰りたいと思っても仕事がないため戻ることができず,減少の一途をたどる島の人口は最盛期の1/4程度まで落ち込んでしまいました。全国各地で平成の大合併が進む折,住民投票によって単独自立の道を選択した小値賀にとって,雇用の受け皿となる新たな産業を創出することが,島を維持するうえで喫緊の課題だったのです。

　小値賀町では美しい海と豊かな自然環境を生かした,青少年向けの自然体験プログラムが提供されていました。それを仕立て直し,家族連れや若者など幅広い客層へアプローチすることにしました。交流人口を拡大することよって島の活路を見出そうとしたのです。

　その背景には,遣唐使の時代から培われてきた**ヨソ者を温かく迎え入れる島民の気風や,古き良き日本を想起させる日常風景など無形の価値が旅行者に満足感を与えられる確信**がありました。そうした島の"当たり前"に価値を見出したのは,2005年から移住者として島に暮らし,まさにヨソ者として島民に温かく迎え入れられていた高砂樹史氏(元小値賀観光まちづくり公社代表取締役。2016年から長野県茅野市にて観光まちづくり推進室長に就任)でした。

　無形の価値を商品化するためにはどうすればいいか。その答えが今や小値賀の代名詞ともいえる民泊事業でした。島民と触れ合ってこそ高砂氏が体感した島の魅力の理解につながり,それこそが疲弊する小値賀を継続的に支える本当のファンづくりになると考えたのです。自らのプライベート空間に見知らぬ者を宿泊させる民泊の推進は一筋縄ではいきませんでしたが,高砂氏が島内の農漁業者宅を1軒ずつ説明して回りながら理解を促して,2006年,7軒の賛同者を得て事業をスタートさせました。その後,3年間で50軒まで増加し,以後,40軒程度で安定推移しています。

民泊事業の問合せや申込みの一括窓口として「小値賀町アイランドツーリズム推進協議会」が2006年に立ち上がり，翌年には同協議会と自然体験プログラム提供団体，観光協会を発展的に統合し特定非営利活動法人「おぢかアイランドツーリズム協会」が設立されました。また，若い女性など新たなターゲットを獲得するために古民家をリノベーションした宿泊施設やレストランを開業し，営利事業を担う組織として2009年に「小値賀観光まちづくり公社」が分立されました。この両者が連動しながら小値賀の観光戦略を進めてきましたが，2016年に両組織と事業はNPOへと集約され今日に至っています。

世界から評価された島民の心

今でこそ全国的に有名になった小値賀町の民泊事業ですが，その火付け役となったのは海外からの評価でした。アメリカの民間教育団体「PTP（ピープル・トゥ・ピープル）」による国際親善大使派遣プログラムが大成功を収め，2007年，2008年と2年連続で「満足度世界一」を獲得したのです。異国の離島で漁家民泊しながら島民の温もりや島の伝統に触れる経験は，国境を超えて参加者の心を揺さぶりました。帰途につく見送りの場では，島民とアメリカの高校生が互いに涙を流しながら肩を抱き合い別れを惜しみました。

これを境に，減少し続けていた小値賀の観光客数と観光消費額は増加へと転じます（2007年3.6万人，2.9億円 → 2016年4.8万人，5.1億円，長崎県観光統計）。年間100人の宿泊者を受け入れる民家も現れ，民泊事業だけで100万円以上の収入を得ている農漁業者もいます。

それまで皆無だった国内修学旅行生も増加しています。磯場の生き物を観察し，波止場で魚を釣り，宿泊先で魚を捌き，郷土料理を作って，まるで家族のように接してくれる島民との会話を楽しみながら食事する。PTPで訪れたアメリカの高校生と同様，島の当たり前が都会の学生の感動を呼び，彼らにとって小値賀が第二の故郷となっています。

こうした成果を得た小値賀は，一部からは「奇跡の島」と呼ばれるようになり，「オーライニッポン大賞グランプリ（内閣総理大臣賞）（2008年）」「JTB交

流文化賞最優秀賞（2008年）」「毎日新聞グリーンツーリズム大賞最優秀賞（2011年）」など高い外部評価につながりました。その結果，全国各地からUターン・Iターン者も飛躍的に増加しており，その数は累計で300人を超えています。

　一般に「文化」の用語は，人間が何らかの努力の末に成し遂げた成果を指すことが多いため，ともすると形式ばった印象を与えることがあります。しかし，小値賀が注目し，来訪者の共感を得た島民の心や日常もまた，形こそないものの，連綿と続いてきた営みに紐づく当地の文化といえるでしょう。**「人が暮らしていること」が「地域」という場を形成する前提条件であるならば，そこには必ず「文化」が存在しています。**世界で評価された小値賀の取組みは，小値賀だけしか実現できないことではありません。

写真 9-3
別れの際に涙を流す
都市部の修学旅行生

出所：おぢかアイランドツーリズム提供。

5　「支え合い」の再構築 —秋田県横手市

人口問題の最先端地

　秋田県南東部の内陸に位置し，県内でも有数の面積を誇る横手市（人口93,243人）は，旧横手市を中心とした1市5町2村の合併によって誕生しました。当地では肥沃な土壌に下支えされた農業と豊かな森林資源を活用した林業に加え，大正時代に最盛期を迎えた吉乃鉱山とそれを背景とした商業で大いに

繁栄しました。しかしながら，1957年の鉱山閉山や高度経済成長に伴う産業・就業構造の転換により，若年層を中心とした人口の流出が進み，人口は1955年の14万6千人をピークに半世紀以上にわたって減り続けています。広い市域のなかで人口が減少するということは，それだけ人口分布が希薄化していることを表しています。また，47都道府県のなかで最も高齢化率が高い秋田県（33.8％）にあって，横手市のそれはさらに高い35.1％を示しているなど，厳しい人口問題に直面しています。

「自助」「互助」「公助」を補う仕組みづくり

　県土の9割が過疎指定を受け，著しく高齢化が進む秋田県では，65歳以上の高齢者が住民の半数以上を占める集落を「小規模高齢化集落」と名づけ，外部のサポート人材が積極的に関わる制度を県独自に設けています。その制度で横手市の集落支援に関わっていた特定非営利活動法人「秋田県南NPOセンター（以下，NPOセンター）」が横手市内山間部の集落と交流を密にしていた2010年，事件が起こりました。

　その年，横手市は記録的な豪雪に見舞われました。雪の重みで空き家の倒壊が相次ぐなか，除排雪もかなわず，ただ雪に埋もれゆく住宅に閉じ込められる高齢者の姿を目の当たりしたのです。NPOセンターの支援によってそのときは事なきを得ましたが，同センター理事の菅原賢一氏は「人々が支え合わなければ地域が崩壊してしまうのではないか」という危機感を抱くようになりました。市内全域が豪雪地帯に指定される横手市の，とくに高齢化が著しく進展している山間エリアにおいて，除排雪は命に関わる喫緊の課題だったのです。

　同時期に内閣府が「新しい公共支援事業」を公募したため，NPOセンターが申請主体となって，住民同士の支え合いによる「共助」の仕組みづくりを提案しました。**ここでいう共助とは，近所付き合いや友人などによるインフォーマルなサポートを意味する「互助」とは異なり，NPOや団体などによって（対価の面も含めて）仕組化された支援の在り方を意味しています。**この事業への採択を契機に，2012年，市内山間部の4地域（保呂羽，狙半内，三又，南郷）

で先導的に共助組織が設立されました。

　4つの共助組織はそれぞれ独立しています。いずれも除排雪作業を活動の中心に据えているものの，必ずしもすべての活動内容が一致しているわけではありません。例えば，4つのなかで最も市中心部から距離があり，アクセス性に難がある狙半内地区では，除排雪のほかにも農作物の販売や高齢者と地区保育園との交流事業，交通弱者のためのシャトルバスの運行支援などを手掛けています。ほかの共助組織では，食事会やコンサートなどの住民交流会を催したり，域内での消費を促すために地域通貨を発行するなど，それぞれが抱える地域課題の解決に資する事業が実施されています。個々の活動に関する成果や工夫などについて情報交換する場として「共助組織代表者ネットワーク会議」が組織され，共助の仕組みを発案したNPOセンターが事務局を担っています。

　地域住民から見た共助組織の立ち位置は，安心して暮らし続けることを目的とした地域課題解決の継続性を担保する機能です。そのために提供されるサービスに関しては，どの共助組織でも役務の対価を徴収することにしています。例えば狙半内地区では，除排雪の費用を日13,000円（高齢世帯の場合は11,000円）と設定しています。平均的な市価（15,000円程度）よりも低廉に設定されているため，依頼する高齢者にとっても金銭的なインセンティブが働きます。また，除排雪は作業の都合上，屋根や玄関先というプライベート空間を開放せざるを得ませんが，共助組織であれば集落内の顔見知りが対応してくれます。骨の折れる作業でも気を揉まずに相談できる窓口機能も果たしており，共助組織の存在は，当初の想定以上に大きな安心感を生み出しました。

　地域課題と真摯に向き合って解決に取り組む共助組織に対し，地元企業や団体からも支援の手が差し伸べられています。買物支援策として集落―店舗間の片道20kmの道程を結ぶシャトルバスの運行を地元スーパーが申し出ました。市内の社会福祉法人は，除排雪作業に必要な傷害保険の掛け金を負担し，集落でつくった野菜を介護施設や保育園用の食材として購入しています。共助組織が媒介する形で企業による地域支援が生まれています。

　このような活動の全般を通じ，横手市では，支援する側・される側を問わず，

住民の間で地域コミュニティの必要性が再認されるようになりました。行政に依存せず、自ら率先して課題解決に取り組むようになった住民とその意識啓発を促した共助の仕組みは「ふるさとづくり大賞（2015年）」「地域再生大賞『北海道・東北ブロック賞』（2017年）」など高い外部評価を得ています。横手市内や近隣の湯沢市、羽後町、美郷町にも共助の輪が広がり、現在では秋田県南部だけで18の共助組織が設立されました。人口問題の最先端地での活動は、全国の条件不利地域を救う道標になるかもしれません。

写真 9-4
狙半内地区での除雪風景
出所：狙半内共助運営体提供

6 ケーススタディに見る内発的発展論の援用と課題

内発的発展論そのものにも大きな課題

　ここまで条件不利地域で先発的に実践されている4つのケースを紹介してきました。「暮らし」「仕事」「文化」の価値のプレミアム化を図っている3事例は、いずれも地域の歴史や背景に根差しながらも風化・劣化しつつあった**有形・無形の価値（森林資源、製法技術、日常生活とおもてなしの心）を用いて、地域が疲弊している課題の解決手段として再構築した結果、差別化され、エッジの利いた戦略となって成果につながっていることがわかります。**

　これは、鶴見ら（[1989]）が「欧米起源の資本蓄積・経済成長論、近代化論に対するアンチテーゼ」として提起し、宮本（[1989]）によって政策的な展開

が図られた「外来型開発から取り残された」地域が目指すべき発展手法，すなわち内発的発展の成功例ということができるかもしれません。

しかしながら，内発的発展論そのものにも大きな課題があります。内発的発展論が提起された時代の制約から，あくまでも地域経済の活発化を目指すことが所与の条件となっていたのです。したがって，現在の人口減少社会とそれに起因して生じている生活レベルでの諸課題に対して，内発的発展論は必ずしも対応できているとはいえません。

例えば，条件不利地域の生活基盤を支えている生活関連サービス業について，内発的発展論が示すように付加価値を高めることは，産業振興の観点からは理想的といえるでしょう。しかし，それだけでは地域課題の解決に向けた十分条件とはなりえません。なぜなら，地域住民の生活が改善されるわけではないからです。本稿で紹介した松浦市や小値賀町を例にとれば，両市町と隣接する佐世保市の商業施設は，長崎県北部一円からの集客を目指して店舗構成の高付加価値化を進めています。その商業施設が販売力を高めれば高めるほど，佐世保市内のみならず近隣市町の一般小売店は打撃を受けるでしょう。その結果，遠隔地に暮らす買物弱者の潜在的課題はより深刻化することが予測されます。

こうした生活レベルでの課題解決を図り，民間主導で生活弱者を支える「社会的包摂」を目指す取組みが4つ目の事例として紹介した横手市の取組みです。近年，社会的包摂を実現する主体として，住民が中心となって組織される「地域自治組織」への期待が高まっています。こうした組織が各地に増えていることから考えても，今後の条件不利地域においてきわめて重要な論点となることは間違いありません。しかし，横手市に限らず，住民主体の地域自治組織はその活動原資が脆弱であり，持続的に課題を解決し続ける仕組みとして完成しているとまではいいきれません。

やはり条件不利地域は八方塞がりなのでしょうか。

条件不利地域を救う「新・内発的発展論」

これまで内発的発展論と地域自治組織を具体的につなぐ議論はほとんどなさ

れてきませんでした。しかしながら，内発的発展論を定義した宮本自身は，内発的発展の先に「福祉や文化が向上」することを期待しています。昨今，付加価値の向上や地域内経済循環の強化という側面から内発的発展論がにわかに注目を集めています。しかし，そうした側面はあくまでも"手段"にすぎません。そのことによって得られる地域の付加価値をミクロレベルでの生活課題の解決に向けて再分配していくことが"目的"の1つなのです。宮本もそのように位置づけていたと解釈できます。

では，改めて本稿で紹介してきたケーススタディに沿って考えてみましょう。北海道下川町や長崎県松浦市・平戸市・佐々町，小値賀町のように，地域固有の価値を再構築することによってプレミアム化を図り，そこで得られた利益を秋田県横手市のような生活支援活動の原資として投下するとします。これを一般化すると，**行政や民間など地域に関わる組織・人材が主体となって，地域に根づく技術・産業・文化を土台にして経済的な基盤をつくり，それを投資して社会的包摂の実現を目指す仕組みを構築すること**と置き換えることができます。

もし，このような仕組みをつくることができるならば，産業振興と生活課題の解決という地域社会を支えている両輪を，それぞれが独立するものではなく，1つの流れとして捉えられます。このことによって，経済的な基盤が課題解決の原資を担保し，課題解決による生活環境の向上が定住者を呼び込み，その結果として産業の新たな担い手が生まれるという好循環の図式を描くことが可能となります。つまり，これまで議論が深められていないものの，実社会においてはこの両輪が相互に，そして反復的に作用し合ってこそ，地域社会が公助によらずして持続的に刻々と変化する環境に対して連続的に改善していくことができるのです。

これは決して荒唐無稽な提案をしているわけではありません。本稿で紹介してきたように，条件不利地域では"攻め"と"守り"の両面で先発的に実践されている取組みがすでにあります。それらを上手くつなぎ合わせる仕組みがあればいいのです。

このように，両輪のつなぎ目に着目することで地域社会の維持を目指す一連の仕組みづくりを，内発的発展論を現代版に捉えなおした「新・内発的発展論」と定義づけたいと考えます。これは未だ一部地域で取り組まれている単発的・イベント的な地域振興策に対するアンチテーゼでもあります。

条件が不利だからこそ先行的に危機に見舞われ，条件が不利だからこそ対策の必要に迫られました。しかし，それらを総合することで見出された新たな考え方は，人口問題を抱えるすべての地域にとって重要な示唆となるでしょう。条件不利地域のチャレンジが，今まさに過渡期に差し掛かっている日本の指針となるのです。

▶▶▶参考文献

大野晃［1991］「山村の高齢化と限界集落」『経済』新日本出版社。
鶴見和子・川田侃［1989］『内発的発展論』東京大学出版会。
徳野貞雄［2007］「人口減少時代の農山村の"ゆくえ"」『環境情報科学』36巻2号，環境情報科学センター。
日本創成会議・人口減少問題検討分科会（座長 増田寛也）［2014］「人口再生産力に着目した市区町村別将来推計人口について」。
前田幸輔［2017］「条件不利地域における課題群の可視化」『弘前大学大学院地域社会研究科年報第13号』。
宮本憲一［1989］『環境経済学』岩波書店。

第10章 グローカル教育のプレミアム展開
――多様性がもたらす意識変革

　地方にあるにも関わらず，なぜか世界中から留学生が集まり，地域の活性化に貢献するとともに，その存在意義を高めている大学や高校が存在します。①「別府×立命館アジア太平洋大学（APU）」，②「軽井沢×ユナイテッド・ワールド・カレッジISAKジャパン（UWC ISAK）」，③「秋田×国際教養大学（AIU）」の３つの教育機関は，独自のグローカル戦略によって，ローカルなリソースをグローバルな価値へと転換する教育サービスのプレミアム化に成功しています。教育サービスのプレミアム化は，生徒の「この学校で学びたい」という意欲をかき立て，チャレンジ精神や知的好奇心を最大限に引き出しているのです。

　本章では，懐の深い地元に受け入れられて充実した学生生活を送り，卒業後もフロントランナーとして活躍し続ける人材を輩出している，これらの教育機関を事例として取り上げ，共通点や課題等を明らかにしたうえで，世界中から地方に人々が集まる成功の秘訣を探ります。

1　混ざる効果 ― 立命館アジア太平洋大学（大分県別府市）

APUのはじまり

　立命館アジア太平洋大学（以下，APU）は，「自由・平和・ヒューマニティ」「国際相互理解」「アジア太平洋の未来創造」を基本理念として，2000年４月，大分県別府市十文字原に開学しました。開学に至るまでには，「一村一品運動」で有名な大分県の前平松守彦知事の影響が大きく，大分県の熱心な誘致によって，「公私協力方式」（地方自治体が用地や補助金等の財政的な協力を行って私立大を開設する方式）でユニークな大学が誕生したのです（図表10-1）。

図表 10-1　APU概要

	立命館大学アジア太平洋大学 （APU：Ritsumeikan Asia Pacific University）　私立大学	
所在地	〒874-8577　大分県別府市十文字原1-1	
設立	2000年4月，2003年4月大学院開設	
教育理念・ポリシー	「自由・平和・ヒューマニティ」，「国際相互理解」，「アジア太平洋の未来創造」	
セメスター制	4〜9月（春セメスター）	10〜翌3月（秋セメスター）
【学部】	5,562名（正規生のみ）（2017年5月1日付）	
	アジア太平洋学部（APS）	国際経営学部（APM）
【大学院】	176名（正規生のみ）（2017年5月1日付）	
	アジア太平洋研究科（GSA）	経営管理研究科（GSM）
国内国際比率	国内学生：50.5%	国際学生：49.5%
男女比率	男子学生：48.8%	女子学生：51.2%
奨学金関連	受給件数（のべ人数） 3,906件	内部奨学金：74.2% 学外奨学金：25.8%
就職決定率	96.7%	
その他	開学以来，144の国・地域から学生を受け入れている。1日の読書時間1位・1週間の大学以外勉強時間2位（ともに朝日新聞出版『大学ランキング2016』），マネジメント教育の国際的な認証評価AACSBの取得校	

出所：APU HP（http://www.apu.ac.jp/home/）を基に筆者作成。

　何がユニークかといえば，**「国際学生を50％，出身国を50カ国地域以上，外国人教員を50％」になるようにした点です。**初代坂本和一学長と対談を行った世界的に有名な経営学者であるピーター・ドラッカー氏も，このコンセプトに太鼓判を押してくれたそうです。また，将来の国際化を見据え，「欧米中心の時代」から「アジア太平洋の時代」の到来を大学構想時（1989年）の早い時期に意識していた点も先見の明があったといえます。そして，開学わずか15年で文部科学省が国際化を牽引する大学に重点支援を行う「スーパーグローバル大学」の1つに選出されたことも特筆に値します（3節で取り上げる秋田の国際教養大学も「スーパーグローバル」大学に指定されています）。

　現在は，約90か国から5,500名を超える学生がAPUで学んでいます。どうして，大分県の別府市に世界中から学生を集められたのでしょうか。それは開学

前から，教職員自ら何度も積極的に海外の高校等に足を運んで教師や生徒，その両親にPRを行ったり，優秀な海外教員をスカウトしたり，並々ならぬ努力を注いできたからなのです。さらに，広く経済界から寄付金を集め，国際学生の獲得のための奨学金として活用したことも成功の要因の１つとなっています。

３つの50

　開校時，APUは前述の「国際学生を50％，出身国を50カ国地域以上，外国人教員を50％」とする「３つの50」を目標に掲げました（**図表10-2**）。当時，「学生の半分を国際学生にする」という挑戦は日本の大学では前例がなく，不可能だと思われていました。ところが，教職員の努力もさることながら，このハードルをクリアした大きなポイントがあったのです。それは，**ほとんどの授業を日本語と英語の２本立てて受講できるようにした点です。**

　英語の授業の開講によって国際学生の日本語の壁を低くし，世界各国から意欲溢れる学生が集まるようになったのです。英語で授業を行うためには，海外から英語を話す優秀な教員を採用しなければなりません。その結果，「出身国を50カ国地域以上」「外国人教員50％」も達成しました。英語で授業が受けられるのならば，能力の高い国際学生は欧米の大学に進学してしまいそうですが，**アジアでいち早く先進国となり，高度で繊細な技術を有する製造業に強みを持つ日本に魅力を感じ，あえて日本で学ぶことに価値を見出す国際学生もいるのです。**

図表 10-2　「３つの50」イメージ

出所：筆者作成。

混ざる効果

　APUではまず，多国籍な学生が暮らす学生寮（APハウス）で日本人学生と国際学生が混ざります。当然，文化や考え方が違うため，お互いにストレスが溜まります。しかし，そのストレスを乗り越えた先に，達成感を得ることで人間力と国際感覚が磨かれるのです。さらに学生は，先輩TA（ティーチングアシスタント）のサポートによって，協働的な相互学習活動である「ピア・ラーニング」を重視した授業で混ざり合います。

　日本人の学生に比べて，国際学生は「どうしてそんなに勉強をするのか。」と教職員が驚くくらい，一生懸命に勉強に励むそうです。その理由は，国の発展に貢献するためや両親を助けるためなのですが，国際学生の気迫と志の高さに日本人学生も大いに刺激を受けます。

　授業を通じて学生と教職員も混ざり合います。APUのキャンパス内（**写真10-1**）を歩いていると学生と教職員の距離が近く，気軽に声を掛け合い，仲の良い雰囲気が印象的です。その教職員も「教職協働」によって教員と職員の

写真 10-1
APUキャンパス

出所：筆者撮影。

第10章　グローカル教育のプレミアム展開　175

隔たりなく，コミュニケーションを密に取っています。こうした連携により，APUでは新しい試みを実行する際の意思決定のスピードが速く，「3つの50」を支える大きな強みとなっているのです。

　混ざる効果を促進するにあたって，別府が有名な温泉街である点も見過ごせません。温泉というリラックスして自然体になれる場所では，国籍・人種を問わず心がオープンになります。居心地が良く誰もが素直になれる場所で混ざり合うことによって，ローカルでグローバルな・ここ・に・しかない独自の気風が育まれていくのかもしれません。

愚直に目指す

　APUは，決してアクセスの良い便利な場所に立地しているわけではありません。別府市郊外の標高300mの山の中腹にあり，自転車での通学は不可能で，学生の交通手段はバス・バイクに限られています。しかし，隔離された場所だからこそ，繁華街の刺激や誘惑に惑わされずに，学生が1つのキャンパスの敷地に集中してとどまり，混ざり合えるのです。朝日新聞出版『大学ランキング2016』でAPUは，1日の読書時間1位，1週間の大学以外勉強時間が2位となっているのもうなずけます。

　さまざまな戦略を打ち出しているAPUですが，「3つの50」を維持するために，大学側の運営努力も求められています。近年，国際系の大学や国際学部が増えており，他大学との差別化を図る必要があります。

　APUは，世界中から優秀な学生を集めるために，ビジネススクールの国際認証であるAACSBを取得しました。今後，APUは世界に通用する大学を目指し，APU2030年ビジョンにおいて「世界を変える人を育てる。」ことを新たな目標に設定しています。

　APUの2代目学長であるモンテ・カセム氏と旧知の仲である文部科学大臣補佐官の鈴木寛氏は，APUを次のように評しました。「20世紀型の効率を重視したパラダイムから抜け出した大学，それがAPUです。**あえて非効率に，愚直に，困難に立ち向かってつくられた学校です。**だからこそ，この世に1つし

かない1点ものになっている。」と（崎谷・柳瀬［2016］p.101）。

APUがもたらす経済効果と国際学生のネットワーク

別府市内の飲食店に入ると，国際学生が地元に溶け込んでアルバイトをしている姿を見かけます。地元の人達から「頑張れ。」と声をかけられ，地元の人達に愛されている様子が伝わってきます。世界中から学生を呼び寄せるには，地元の人達の理解と協力が欠かせません。地元の人達のよそ者を受け入れる懐の深さがあってこそ，別府市は単なる温泉観光地から国際的なインバウンド都市へと飛躍を遂げることができたのです。

2016年度の人口10万人当たりの留学生数（準備教育課程・日本語教育課程を除く）を都道府県別で比較すると，大分県（303.1人）は京都府（307.5人）に次いで全国2位で，東京都や福岡県を上回る数字です（大分県『平成28年度大分県外国人留学生受入れ状況について』）。大分県内の8割近い国際学生が在籍するAPUの存在は大きいといえます。『APU誘致に伴う波及効果の検証』（大分県・別府市［2010］pp.9-15）によると，**「APU誘致による経済波及効果は年間212億円であり，これにより，20～24歳の若者人口比率を押し上げ，別府市の人口減少にも歯止めをかけた。」**と分析しています。

また，国内・国外30地域に広がる卒業生の校友会ネットワークもAPUのみならず，大分県・別府市の魅力を広めるために一役買っています。卒業した国際学生は，自国の後輩達に向けてSNSや口コミ等で情報発信を行います。

彼らが大分県に留学した理由は，「留学生活費が安いから」に次いで「先輩・友人の勧め」であり，興味深いものでした（佐藤［2012］pp.295-296）。**APUの国際学生は，地元に密着して地域の良さを知ったからこそ，後輩に自信を持ってAPUへの留学を勧められるのだと思います。**

卒業生の活躍：フナキさんの夢

就職活動の時期になると，APU学生の採用に積極的な300社近い企業がAPUを訪れて説明会を行い，採用選考まで実施する「オンキャンパス・リクルー

ティング」が開催されます。APUが秘めるポテンシャルに対して企業の期待の高さが伺えます。卒業生は，日本語・英語・母国語を操る貴重なグローバル人材として日本にとどまらず，世界中のさまざまな業界で活躍しています。

　卒業生の1人である南太平洋の島国トンガ王国出身のフナキさんは2000年の開学当初から1期生としてAPUで学び，卒業後はAPUの職員として働き，その後APUの博士後期課程に進学し，ODA開発協力について援助受取国の視点から研究を深めました。国のリーダーを育てる中高一貫校「トンガハイスクール」で，母国語を使わずに英語で教育を受けた人物です。

　欧米の大学に進学しても不思議ではないのに，あえてAPUを選んだ理由を尋ねると，「自国に貢献するだけでなく，広くアジア太平洋の未来を造りたい。それを実現できる国は日本である。」という自身の想いとAPUの「Shape your world（自分の世界を形づくれ）」の理念が合致したと語ってくれました。

　現在は大学院を卒業し，これから自分に何ができるのか，使命に導かれて考えていきたいそうです。将来，アジア太平洋のグローバルリーダーとして，きっと大きな夢を果たしてくれるに違いありません。

2　ふるさと納税が支える奨学金
―ユナイテッド・ワールド・カレッジISAKジャパン
（長野県軽井沢町）

日本初の全寮制インターナショナルスクール

　ユナイテッド・ワールド・カレッジISAKジャパン（以下，UWC ISAK（アイザック））は，「アジア太平洋地域そしてグローバル社会のために新たなフロンティアを創出し変革を起こせるチェンジメーカーを育てる。」を教育理念として2014年8月，長野県北佐久郡軽井沢町に開校した日本で初めての全寮制インターナショナルスクールでありながら，学校教育法第1条に基づく日本の高校です（図表10-3）。

　開校に至るまでには，代表理事を務める小林りん氏の奮闘がありました。小林代表理事は，かつて国連職員としてフィリピンで働いていましたが，現地の

富裕層とストリートチルドレンとの間の**乗り越え難い社会格差を目の当たりにし，根本的な解決策として教育の必要性を強く意識しました。**

　そんな時期に出会ったあすかアセットマネジメントを設立した谷家衛氏から，「学校をつくらないか。」と提案を受け，UWC ISAK創立に向けて準備を進めます。2008年のリーマンショック，2011年の東日本大震災の影響を受け，資金集めには相当苦労をしたようです。しかし，小林代表理事の真摯な想いと熱意に周囲の人達も動かされて，サマースクールという小規模な形態からスタートし，6年をかけてようやく開校にこぎつけたのです。

　今では，**サマースクールの中身の濃い授業が評判を呼び，毎年入学試験では，高い志願倍率になるほど世界中から生徒が応募してくるようになりました。**現在は，世界58カ国，高校1～3年生までの約170名の生徒がUWC ISAKで寮生活を送り，寝食を共にしながら学んでいます。

図表 10-3　UWC ISAK概要

ユナイテッド・ワールド・カレッジISAKジャパン （UWC ISAK：United World Colleges International School of Asia Karuizawa Japan）私立高校	
所在地	〒389-0111長野県北佐久郡軽井沢町長倉5827-136
設立	2014年8月開校
教育理念・ポリシー	アジア太平洋地域そしてグローバル社会のために新たなフロンティアを創出し変革を起こせるチェンジメーカーを育てる。
3年制	8月入学，6月卒業
【学校形態】	全寮制の国際高等学校（文科省認可） 約170名：各学年約50～70名，授業は10～18名の少人数制
国内国際比率	国内学生：3割　　　　　　　　　国際学生：7割
男女比率	男子学生：45%　　　　　　　　　女子学生：55%
奨学金関連	学資援助奨学金（3学年およそ7割の生徒に，金額ベースで約50%の部分奨学金から全額奨学金を用意）
卒業資格	日本の高等学校卒業資格＋国際バカロレア（IB）ディプロマ
進路等	9割進学，その他ギャップ・イヤーを取得
その他	指導言語：英語のみ，全寮制，UWC加盟校

出所：UWC ISAK HP（https://uwcisak.jp/jp/）を基に筆者作成。

多様性の中で鍛えられる

　一般的な高校では、親の職業によって比較的均一な階層レベルの生徒が集まりがちですが、**UWC ISAKはまさに世界の縮図であり、多様性の濃い刺激的な教育環境が最大の特徴です**。国籍や文化、宗教だけでなく、奨学金を給付することで経済的にもさまざまなバックグラウンドを持つ生徒が集まり学んでいるため、多様な価値観が混在する学校になっています。なかには、世界最貧国出身の生徒もいれば、インドのカースト制度から外れて理不尽な扱いを受けていたアウトカースト出身の生徒もいます。

　親元を離れた寮生活で、生徒達はさまざまなバックグラウンドの仲間と日常的に意見をぶつけ合いながら、多様性に対する寛容な力を身につけます。UWC ISAKでは、小さな成功体験を積み重ねて自信を持つことと同じくらい、失敗から学ぶことは貴重な経験であると位置づけ、**生徒達が困難に挑み、その成功や失敗から学ぶ実践の場を、全寮制学校のあらゆる場面に散りばめています**。だからこそ、本当にやる気のある優秀な生徒が自らやって来るのです。

　教育内容も独特で、生徒達のこれからの時代に求められるリーダーシップを養うために、知識だけでなくボランティア活動なども重視した国際バカロレア（以下、IB：International Baccalaureate）ディプロマプログラムを軸とする「全人格教育」を導入しています。

チェンジメーカーを育てる

　「チェンジメーカーを育てる。」それが、UWC ISAKが掲げるミッションです。チェンジメーカーとは世の中を変える変革者であり、グローバルリーダーでもあります。とかく、政治家や官僚といった国の指導者を思い浮かべがちですが、エリートを目指すのではなく、**小さなことでも気づきを得て疑問を持ち、それを自ら調べて提案し、自分の立つ場所から社会にポジティブな変革を起こす「チェンジメーカー」は誰でもなれる**といいます。

　そのための教育プログラムであるIBは、世界トップレベルの高等学校教育を提供する2年制の教育プログラムであり、世界140カ国以上の学校で導入さ

れています。修了すると，ハーバード大学やオックスフォード大学など，世界有数の大学から入学または受験資格として高い評価を得ている，国際的に認められた大学入学資格を取得できます。

2016年，UWC ISAKは国際的な民間教育機関「ユナイテッド・ワールド・カレッジ（UWC）」の加盟校として認定されました。同機関は，世界約155ヵ国から選抜された高校生を受け入れ，教育を通じて国際感覚豊かな人材の育成を目的としています。これにより，さらなる多様性がもたらされますが，今後の大きな目標として，建学の精神を忘れることなく，世界に変革を起こすチェンジメーカーを輩出し続ける高校を目指していくそうです。

軽井沢だからこそ

UWC ISAKは軽井沢駅から車で20分ほどの別荘地「あさまテラス」内の豊かな自然に恵まれた場所にあります。設立にあたり，候補地として都会は考えておらず，静かで落ち着いて学べる環境の中で自分に向きあい，IBプログラムの野外学習が可能な軽井沢は，生徒を預かるうえで最適な選択肢だったのです。

設立当初，夏の避暑地として海外でも知られている軽井沢町の受け入れ体制に期待し，世界中から生徒を集める狙いもあったようです。町の財政が豊かで医療施設等のインフラが整備されている環境に加え，東京から新幹線に乗ればわずか1時間余りでアクセスできる点も決め手となりました。軽井沢町にとってもメリットはあり，**UWC ISAKの存在により知名度が高まれば海外から訪れる人が増え，スイスのローザンヌのように，ますます国際的な避暑地，特色のある学校が集う街として発展していくのではないでしょうか。**

軽井沢町の理解と協力によりUWC ISAKは支えられており，地元の人達も温かく生徒達を迎え入れています。生徒達はIBのカリキュラムにある小中学校や老人ホームを訪問するプロジェクトだけでなく，自発的に地元に溶け込んでボランティア活動を行い，町の観光資源開発のプロジェクトを立ち上げるなど，地元の人達と交流を広げているそうです。また，近隣の高校生達がサーク

ル活動を通じてUWC ISAKに遊びにくることもあり，友情も育んでいます。生徒達は，地元コミュニティにおいても，自ら考え仲間を巻き込み行動を起こすことで，リーダーシップを発揮しているようです。

ふるさと納税が支える奨学金

　恵まれた環境にあるUWC ISAKですが，授業料は寮費や食事等も含めて年間およそ380万円です。多様性を重視するUWC ISAKはどんな階層の生徒にも教育の機会を与えられるように，家庭の経済状況に合わせて奨学金を準備しています。生徒の約7割は返済不要の全額および部分奨学金を受けています。

　この奨学金を支えるのが「ふるさと納税」なのです。ふるさと納税のメリットは，誰でも気軽な金額から寄付を始められ，寄付金の使い方を選択できる点にあります。軽井沢町では，教育支援の一環として「育もう教育と文化」に取り組み，UWC ISAKを応援校に認定しています。ふるさと納税寄付金総額の振分けを2014年度分より2/3から95％に引き上げ，ますます奨学金の充実が図られ，2016年はUWC ISAKを指定して3億円以上の寄付が集まりました。

　最高の環境で高度な教育プログラムを提供するためには，生徒の国籍・経済事情を超えた多様性を維持し続けるとともに，持続的な奨学金の確保が欠かせません。ふるさと納税による奨学金支援の重要性はますます高まっていくでしょう。

初めての卒業式

　2017年6月，初めての卒業生がUWC ISAKから巣立っていきました（**写真10-2**）。

　2014年8月の開校時に入学した生徒達は，国内外問わず自分の信じる道へと飛び立ったのです。彼らの進路の特徴として，大学進学を遅らせて，自分の興味・関心事をより深めるために「ギャップ・イヤー」（大学の入学前，在学中，卒業してから就職するまでの間などを利用して，ボランティア活動やインターンシップなどの社会活動体験，海外留学などをするための猶予期間）を取得す

写真 10-2
UWC ISAK校舎と初めての卒業式
出所：UWC ISAK提供。

る生徒が6人もいます。そのほかにも，留学生を含め10人ほどが前節のAPUや日本の難関大学へ進学し，およそ35人が東南アジア，中東，ヨーロッパ，そしてアメリカの名門大学へと進む予定だそうです。

　新たなステージの大学で知識の習得や経験を積み，さらに頼もしさが増す卒業生の未来はこれからです。将来，彼らが社会に出る時，一体どんなリーダーとなって活躍してくれるのでしょうか。今から楽しみです。

3　究極のアカデミック空間 ─国際教養大学（秋田県秋田市）

AIU開校

　国際教養大学（以下，AIU）は「国際教養」を教学理念に掲げ，「豊かな教養」「グローバルな知識」「卓越した外国語の運用能力」を身につけた世界を舞

第10章　グローカル教育のプレミアム展開　183

図表 10-4　AIU概要

国際教養大学（AIU：Akita International University）　公立大学	
所在地	〒010-1292　秋田市雄和椿川字奥椿岱
設立	2004年4月，2008年9月専門職大学院開設
教学理念・ポリシー	「国際教養（International Liberal Arts）」を教学理念に掲げ，グローバル社会におけるリーダーを育成することを使命とする。
2学期制	4月入学（4～8月）　　　　　　　9月入学（9～翌3月）
【学部】	国際教養学部　869名（2017年4月1日付） グローバル・ビジネス課程　　　　グローバル・スタディズ課程
【専門職大学院】 入学定員30名	グローバル・コミュニケーション実践研究科 （標準修業年限2年）
受入交換留学生数	29カ国・地域から173人
男女比率	男子学生：36%　　　　　　　　　女子学生：64%
奨学金関連	受給件数（のべ人数）：218件（2017年5月1日付）
2012-2016年度 就職率	100%
その他	図書館：24時間365日開館，THE世界大学ランキング日本版2017「教育満足度」1位，スーパーグローバル大学（タイプB）

出所：AIU HP（http://web.aiu.ac.jp/）を基に筆者作成。

台に活躍できる真の国際人の養成を目指して，2004年4月，秋田県秋田市雄和椿川字奥椿岱に開学しました（図表10-4）。

　もともとは，ミネソタ州立大学機構秋田校があったのですが，日本の大学としては認められず学生不足から廃校になり，施設等の活用とともに若者の進学先確保の必要性等から秋田県が主導して国際系大学の新設構想を考えます。その結果誕生した大学がAIUです。現在では，秋田の片田舎にある大学に，日本全国47都道府県から生徒が集まるようになり，例年入試時は競争率の高い人気校となっています。その秘密はどこにあるのでしょうか。

　AIUの特徴は学部全体で869人という小規模な大学であるため，**大学と学生の距離が近く，教職員が学生1人1人に向き合って丁寧できめ細かい指導ができる点にあります**。現在は，1学年175名となっていますが，この人数が絶妙で，これより多すぎても少なすぎてもいけないそうです。

また，キャンパス内に寮や学生宿舎などの居住施設が整備されており，学内の学生居住率は90％近くで，職住近接ならぬ「学住近接」あるいは，居職住ならぬ「居学住」であることが，勉強に打ち込める最高の環境を生み出しています。AIUに応募してくる学生は「AIU生は輝いている人が多く，教職員と学生が一体となって醸し出す生活感がキャンパス内に漂っており，何か温かいものを感じる。」と答えています。

究極のアカデミック空間
　知性・徳性・感性を総合した「全人力」を鍛え，自分の中に知の土台を築く国際教養（リベラルアーツ）を教育理念に掲げるAIUですが，学業に専念できる環境は抜群です。大学の周辺は豊かな自然に囲まれており，市街地から離れているので近くにコンビニエンスストアも娯楽施設もありません。前述したように，学内居住率はおよそ90％です。誘惑されるものが無く，本来，学生の本分である学業への取組みが当たり前になっているのです。

　そんな学業に集中できる環境を後押ししているのが，24時間365日開放されている「中嶋記念図書館」です（写真10-3）。真夜中に行っても必ず誰かが勉強しており，学生たちは切磋琢磨し合っています。海外の大学でも夜の11時か12時までしか開いていないそうなので，世界中の大学と比較しても非常に珍しい運営です。初代中嶋嶺雄学長の「コンビニでも24時間開いているのに，大学が学生に24時間いつでも勉強できる場所を提供しないのはおかしい。」という鶴の一声がきっかけとなりました。

　一見，周りに何もなさそうなキャンパスですが，秋田空港から車で10分ほどの場所にあり，グローバルな視点で捉えると，世界中のどこにでも容易にアクセスが可能で人の行き来がしやすいのです。初代中嶋学長の著書によれば，ある企業の人から「秋田の田舎なのに，世界とつながっている。狭いけれど，とてつもなく広くて，学生は最初から世界を意識している。」と評されています（中嶋［2010］p.183）。

第10章　グローカル教育のプレミアム展開　185

写真 10-3
自然豊かなキャンパスと
24時間365日開放の図書館

出所：AIU提供。

かわいい子には旅をさせる

　AIUの学生は，国際教養科目をすべて英語で学ぶ少人数授業に加えて，1年間の交換留学制度による授業料相互免除の海外留学が義務づけられています。また，入学時，1年生は全員が学生寮に入ることが必須で，AIUと提携している47カ国・地域187大学の交換留学生と一緒に生活をします。

　文化や考え方の違いから，生活の中でトラブルが発生することもあります。争いを好まない日本人学生は事務局に相談に行きますが，あえて教職員は当事者同士で英語を使って解決させるようにしています。すると，遠慮がちな日本人学生も，嫌でも英語を使って自己主張せざるを得なくなります。

　さらに，1年間の海外留学は日本人学生の精神力を鍛えて，自立心，積極性，自信，忍耐力等を育みます。なかには途中で帰りたい，と弱音を吐く学生もいるようですが，教職員は本人の力を信じて心を鬼にして海外へ送り出していま

す。それは、ハードルを乗り越えた先に、大きな成長を期待して見守ることに徹する愛情があるからなのでしょう。**英語はあくまでも授業を学ぶツールであり、日本人学生のマインドを変えるスイッチなのかもしれません。**

身についた英語力を生かして、AIUでは学生が講師となって小中高校生向けに授業を行う「イングリッシュビレッジ」の開講や、AIU教員が秋田県内外の小中高英語教員向けに「ティーチャーズセミナー」を開講する活動なども行っており、地域社会に貢献しています。

驚異の就職率と厳しい卒業条件

驚くべきことに、卒業生の就職率はほぼ100％となっています。これは成績評価値であるGPA（Grade Point Average）2.50以上、TOEFL550点以上等の留学条件や厳しい卒業条件をクリアしたからこそ得られた学生の実力によるものです。4年間ストレートで卒業できる学生は5割程度、その他は4年半～5年をかけて卒業していきます。

「真の実力が身につかなければ、卒業をさせない」。AIUでは、一般の大学のように単位が取れればそれで良しとせず、決して妥協することなく、戦略的に卒業をさせているのです。教職員曰く、**「当たり前のことを当たり前にやっているからこそ、ベストプラクティスにつながる。本物を提供することが大事。」**なのだそうです。驚異の就職率の裏には教職員の熱心な指導と、徹底して世話を焼く本気の姿勢がありました。また、**「学生達自身の真剣さがAIUの魅力を最大限に高めている。」**とも言います。田舎が好きで勉強に真摯に取り組む、素朴で真面目な学生が集まっており、大学内で自分を鼓舞して必死に努力を重ねてきたから語れる深みのある経験は武器となり、就職活動でアピールする話題には困らないそうです。

大学全入時代に突入し、今後、AIUは生き残って選ばれる大学になるために、表面的なランキングに左右されない、自分で物事を考えられる真に優秀な学生の育成を目指しています。本物の実力があるからこそ、海外の名だたる大学と提携が結べるのです。教職員は先進的な試みに挑戦しようとしており、さらな

る「ヒト，モノ，カネ」のリソースの充実が求められています。

実はここにある

　秋田県への留学理由について，「協定校だから」に続いて「留学生活費が安い」「質の高い日本語教育」「美しい自然」が挙げられています（佐藤［2012］pp.295-296）。海外・日本を問わず，地方に魅力を感じる学生もいるのです。近年，AIUの評価が高まっているがゆえに，皮肉にも偏差値が東大並に上昇してしまい，公立大学であるにも関わらず地元の学生の入学が難しくなっています。とはいえ，海外や県外から個性豊かな多様性溢れる学生がやってくることによって人的な交流が起こり，地域の発展につながる ── それでも良いのではないでしょうか。

　学生・留学生は秋田県のさまざまな地域的な催しや伝統文化に積極的に関わり，地元を盛り上げています。東京出身の卒業生が県のプロバスケットボールクラブのチーム創設に携わり，プロスポーツを通じて秋田を活性化させようと起業をしたり，インバウンド向けに秋田の観光資源をストーリーでつなぎ，地域の魅力を発掘しようと旅行会社を設立した関西出身の卒業生もいます。

　秋田経済研究所が試算したAIUが地域にもたらす経済波及効果は年間およそ40億円に及び，「大学があることによって継続的，安定的に生ずる経済効果とPR効果，地域の活性化への貢献は大きい」としています（AIU提供資料『国際教養大学の歩み』［2014］p.75）。**AIUとは，海外留学や国際教養などの学びを通じて，日本人として見落としがちな，もともと地域にあるモノやコトへの気づきを促してくれる場所なのかもしれません。**

4　地方はチャンス ─ グローバル・ニッチ・トップ教育機関を狙え

多様性が鍵になる

　これまで３つの教育機関を事例として紹介しましたが，①日本にいながら海外留学生活と同じような体験ができる，②留学生や国際学生・日本人学生と一

緒に寮生活を通じて多様性を理解する，③市内から離れた落ち着いた場所にある，などが共通点として浮かんできます。

2018年頃から18歳人口が減少し大学進学者が減って，大学の淘汰や学生獲得競争が過熱する「2018年問題」に備えて，地方を含めた各大学は既存の体制からの脱却を迫られています。そのためには，グローバルでプレミアムな教育サービスの提供が欠かせません。**本物の教育サービスを提供すれば，国内のみならず世界中から優秀な学生が自ら進んでやってくるようになるのです。**

プレミアムなグローカル教育の鍵は，「多様性」にあります。江川雅子氏（一橋大学大学院教授）は，「多様性の高い集団はパフォーマンスが高く，自分と異なる人達と接することで，私達はより創造的に，より勤勉に，より頑張るようになる。イノベーションは多様な人材のコラボレーションから生まれる。」と論じています。多様性を追求することで，意思疎通に時間を費やし非効率的で手間暇のかかる努力が求められるかもしれません。しかし，そこに真の教育力に結びつく重要なヒントがあるのではないでしょうか。

グローバル・ニッチ・トップ教育機関を狙え

地方だからこそ，柔軟にグローバル化しやすい強みがあります。AIU初代中嶋学長は，「**ローカルなものは，ローカルに徹することによってグローバルになります。ローカルの長所が大事に保存されていることによって，世界も注目するようになるのです。**」と述べています（中嶋［2010］p.105）。

喧騒から離れて学業に専念できる環境や自然の豊かさ，有形無形の伝統文化など，その地域にしか存在しない唯一無二の個性を生かして，都会の大学・高校とは一味違う魅力を売りにできます。地方だから無いのではなく，地方だからこそあるものを探すことによってチャンスがもたらされるのです。地方から世界を意識し，グローバル・ニッチ・トップ教育機関を狙うことで，競合相手のいない未開拓市場を切り開くブルーオーシャン戦略につながります。

地域おこしを語る際に，しばしば「よそ者，若者，ばか者」論が引き合いに出されることが多いのですが，グローカル教育のプレミアム展開を考える際に

は，「よそ者＝留学生・国際学生」「若者＝未来のある学生」「ばか者＝チェンジメーカー」と置き換えるとわかりやすいかもしれません。ここに，サポートする教職員や地域の方達の協力と理解，地方が持つ包容力や温かさが加わってグローカル教育のプレミアム展開が成り立っているのです。

「教育力無くして地域の発展無し」——かつて明治時代の日本は，身分や地方を問わず，教育に力を注ぐことによって国や経済を発展させることに成功しました。**教育機関があることが地域の最大のセールスポイントになりえるのです。**

2018年4月，金沢工業高等専門学校（石川県金沢市）は先行して，日本初の英語で理工系リベラルアーツを学ぶ全寮制の「国際高等専門学校」に生まれ変わろうとしており，新たな改革も始まっています。

今，まさに，地方発のプレミアムな教育力が求められる時代がやって来ているのです。

▶▶▶参考文献

石川拓治［2016］『茶色のシマウマ，世界を変える』ダイヤモンド社。
APU誕生物語編集委員会［2009］『立命館アジア太平洋大学物語』中央公論新社。
崎谷実穂・柳瀬博一［2016］『混ぜる教育』日経BP社。
佐藤由利子［2012］『地方留学の利点と課題』広島大学高等教育研究開発センター大学論集。
鈴木典比古［2016］『なぜ国際教養大学はすごいのか』PHP新書。
中嶋嶺雄［2010］『なぜ，国際教養大学で人材は育つのか』祥伝社黄金文庫。
中西未記［2014］『世界を変える全寮制インターナショナルスクール』日経BP社。

第11章 プレミアム地域創生の実現に向けて

　前半では地域経済におけるプレミアム地域創生の位置づけについて，マクロ（経済）とミクロ（産業）の両面から分析しました。「地域の基盤産業の強化」「まちづくり」「ひとづくり」の3分野で，地域がどのような対応をすべきなのか，論点を整理します。後半では，プレミアム地域創生の実現に向けたメカニズムに焦点を当てます。八戸・種差海岸（青森県）と発酵の里こうざき（千葉県）の2つの事例をもとに，組織面とプロセス面から分析を加えます。前者で「プロデューサーーシナリオライターーディレクター」，後者で「発掘ー研磨ー表現」のそれぞれ3つの要素を指摘します。最後に，未来に向けたトレンドとして，「パーソナル×リピート」と「Generation Z」の視点を述べた後，創造性のある人材育成のあり方に言及します。

1　マクロとミクロの両面からの分析

目標は成長ではなく持続可能性

　地域経済をマクロ面からみてみましょう。プレミアム地域創生の目標は，地域経済の付加価値を向上させて，その統合指標であるGRP（Gross Regional Product：地域の付加価値総額）の成長率を高めることにあります。経済成長率は，「(A) 人口増減率」と「(B) 労働生産性（1人当たりGRP。以下，生産性）の伸び率」の積です。ここでまず問題になるのが，(A) の人口が長期にわたって減少を続ける点です。国立社会保障・人口問題研究所「日本の将来推計人口」の中位推計でみると，これから半世紀にわたって15歳以上65歳未満の生産年齢人口が毎年約1％の減少を続けます。日本経済の約6割は個人消費で

す。その源泉が給与総額（労働者数×平均給与）ですから，生産年齢人口の減少は経済全体にマイナスの影響を及ぼし続けます。ただし，この「1％」という数値は，あくまでも平均値です。都道府県別にみると，東京都，愛知県，滋賀県，沖縄県など一部の地域は毎年1％未満の減少ですが，多くの地域は同1.5～2.0％の大幅な減少です。さらに個々の地方において，人口が集まる地域と人口を失う地域の二極化が進みます。この点から，**大都市・中堅都市など一部の地域とそれ以外の大半の地域では，目指すべきGRPの目標が異なることがわかります**。前者はこれまで同様の量的な成長を目指す一方で，後者は持続可能性を目指すことになります。

生活の質と人口の質を高める

1971年にノーベル物理学賞を受賞したデニス・ガボール（英語名。ガーボル・デーネシュ（1900-1979））は，いち早く，人口減少・高齢化社会の到来を予言した人です。ガボール（[1972]）は初めて「成熟社会」という言葉を示して，これからの世界を「人口および物質的消費の成長はあきらめても，生活の質を成長させることはあきらめない世界」と語っています。この"生活の質"，つまり生活の豊かさを測る指標を働き方の側面からみると，前述（B）の生産性（労働者一人ひとりの"稼ぐ力"）です。この生産性をどうやって高めていくのでしょうか。

生産性に影響を与える要因の1つは，"イノベーション"。技術進歩や創意工夫です。もう1つは，"資本装備率"。働く人への資本投入です。例えば，スーパーのレジのバーコード読み取り機を新しい機種に入れ替えることで，労働者の高齢化に伴う作業効率の低下を補うことができます。地域活性化の有名な事例である，いろどり（徳島県上勝町）の"葉っぱビジネス"では，高齢者がタブレットやパソコンを活用しています。また，腕時計やメガネなど身体の一部として持ち歩くことができるウェアラブルな情報端末を持ち歩いて，1人で2つの仕事をこなす人材，あるいは，女性・高齢者・海外人材など多様な人材が活躍することで，"人口の質"も高めていかなければなりません。

移出性のある農林水産業や観光産業に期待

地域経済をミクロ面から考察します。産業構造からみると，"移出率""雇用吸収力"そして"付加価値率"の３つの指標で捉えることができます。

１つめの指標は移出率。移出率とは，地域内で生み出された商品・サービスが域外の市場に提供できるかどうか，その度合いをいいます。国家であれば"輸出"，地域であれば"移出"です。域外の広大な市場を相手に商品・サービスを移出するので，より大きな所得を得ることができます。域外から得た所得は，乗数効果を通じて域内の需要をさらに喚起することになります。この移出率の高い産業は，地域の基盤産業として育成していかなければなりません。

しかし，産業のサービス化が進むなかで，サービス産業のほとんどの分野で，関東圏が圧倒的なシェアをもっています（図表11-1）。

図表 11-1　地域ブロックの財・サービスの地域外との取引依存度（2005年）

	産業	移出率	関東シェア
移出率が高い	農林水産業	31.7%	14.3%
移出率が高い	製造業	56.0%	30.4%
移出率が低い	建設業	0.2%	55.6%
移出率が低い	電力・ガス・熱供給・水道業	8.6%	15.0%
移出率が高い（サービス産業）	サービス産業	19.7%	45.0%
	商業	47.4%	36.5%
	運輸	42.8%	34.5%
	情報サービス	34.8%	93.4%
	広告	30.0%	74.1%
	映像・文字情報制作	29.9%	71.1%
	インターネット付随サービス	21.9%	83.0%
	物品賃貸サービス	15.8%	76.0%
	対個人サービス	11.8%	36.8%
	教育・研究	8.9%	58.9%
	通信	7.0%	68.5%
	その他対事業所サービス	5.9%	68.9%
	金融・保険	3.1%	69.6%
	不動産	2.7%	69.7%
	医療・保健・社会保障・介護	0.5%	13.9%
	放送	0.0%	52.8%
移出率が低い	公務・その他	0.9%	44.6%
	全産業	30.4%	35.1%

注：全国９地域ブロックの「地域産業連関表」（各経済産業局，2005年，80部門表）に基づいて作成。全産業の数字は，内生部門合計（住宅賃貸料除く）。サービス産業は，電気・ガス・熱供給・水道業，その他を除く第３次産業。▬▬：全産業の数値を上回った産業分野。
出所：森川［2016］『サービス立国論』日本経済新聞出版社，p.217を基に筆者編集・加筆。

それ以外の地域は，移出率の高い製造業を除けば，農林水産業の6次産業化やインバウンドを含めた観光関連サービスに期待を寄せることになります。

2つめの指標は雇用吸収力です。地域で成長したビジネスに，通信販売やコールセンターがあります。インターネットや電話回線の通信インフラを利用するコストが低くなって，地方圏と東京，大阪など大都市圏の市場がつながりました。通信販売では，化粧品や健康食品などの地場企業が成長しています。顧客への電話対応業務をおこなうコールセンターは多くのオペレーターが必要ですので，地域の雇用創出につながります。その結果，所得を得た人達が地域で消費するため，地域内の資金循環が生まれて経済効果が高まります。

ふるさと納税と長崎県平戸市のウチワエビ

産業構造をみるための3つめの指標が付加価値率です。今回のテーマ，商品・サービスのプレミアム化です。一般市民が自ら希望する自治体に寄付を行う制度である「ふるさと納税」で，2014年度に全国第1位になった長崎県平戸市の返礼品の中に，「漁師の浜ゆでウチワエビ」があります。域外であまり知られていない食材だった"ウチワエビ"は，イセエビなどと比べて身は少ないですが味は一級品。そこで，ウチワエビを味噌汁の具にして，ふるさと納税の返礼品にしました。ウチワエビの商品の改善，改良を進めて商品力を高めたこともあって，ふるさと納税をきっかけとしてファン意識が生まれました。今では，通販による再注文や観光客の来訪など波及効果が生まれています。

三澤勝衛の風土学と小倉織

独創的な風土学を提唱した長野県の地理学者，三澤勝衛（1885-1937）（[2008]）の言葉に「風土を生かせ」があります。自分の地域にある資源に価値を見出してそれに価格をつけていくことは，その地域にしかない独自性です。小倉織は豊前小倉藩（福岡県北九州市）で江戸初期から織られ，武士の袴や帯として全国に広がった木綿布です。縦縞を特徴とした，糸の密度が高く良質で丈夫な点が特徴です。普通は経糸と緯糸の割合が1：1であるのに対して，小

倉織は2:1です。小倉織は1940年頃に完全に消滅しましたが，1984年に染織家の築城則子氏の手で復元されました。さらに改良を加えて機械織りによる量産化で価格を下げるとともに，広幅にして用途を広げました。風呂敷，バッグ，小物類，カーテンや家具など，「縞縞（SHIMA-SHIMA）」のブランドで人の目に触れるようになりました。職人の手仕事に頼っていたものを，「**データの可視化，機械化，マーケティングでビジネスにする**」，これが"**製品の産業化**"です。小倉織は，「縞縞」風呂敷で「グッドデザイン賞（2010年）」，インテリアライフスタイル展東京にて「interior lifestyle awards2011（2011年）」を受賞しています。

モノとヒトの活発な交流

地域の成長戦略をデザインしてみましょう（**図表11-2**）。マルは個々の地域を表します。矢印は地域資源（ヒト，モノ，カネ，情報など）の流れを表します。左の矢印は，域外の市場に商品・サービスを提供する製造業や農林水産業などの"モノの流れ"を表しています。右の矢印は，域外から人々が訪れて地域にお金を落とす観光産業の"ヒトの流れ"です。海外からのインバウンドのほか，多くの集客が見込めるビジネス関連イベントのMICE（Meeting,

図表 11-2 地域の移出率とブランド

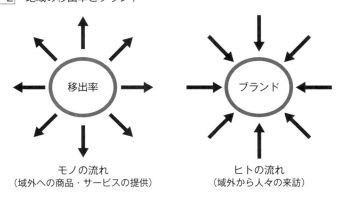

モノの流れ
（域外への商品・サービスの提供）

ヒトの流れ
（域外から人々の来訪）

出所：筆者作成。

Incentive Travel, Convention, Exhibition/Event）が注目されています。

　これからは，欧米の人々そして中間所得層が長期的に成長するアジアの人々が日本のさまざまな地域を訪れるようになります。空港のインフラ整備，LCC（Low-cost carrier：格安航空会社）の登場，そしてビザ発給などの規制緩和がその背景にあります。海外の観光客に，いかに付加価値の高いプレミアムの商品・サービスを提供できるかがカギです。"自らの地域にどのような魅力があるのか"，地元の人々が具体的に語れるかどうかです。**ブランド戦略で地域の"高み"を見せれば，世界から人々がやってきます。そして，域外資本の投資や移住へとつながっていきます。**

地域の基盤産業の強化，まちづくり，ひとづくり

　日本政策投資銀行 人口減少問題研究会（[2014]）は，地域に焦点を当て，将来の人口減少が地域の経済，産業，都市構造などに与える影響を分析するとともに，人口減少に対応した地域の企業経営や自治体経営の方向性，そして地域金融に期待される役割について報告書をまとめました。

　これからの地域は自立的な意識をもって，マーケティングなどの"経営の視点"をもつことが重要です。同報告書で示された，地域が抱える重要な3分野と，その対応・取組みの方向性を基に論点を整理しました（**図表11-3**）。今回，第1章から第11章までの数多くのプレミアム地域創生の事例は，地域の基盤産業の強化，まちづくり，ひとづくりの個々の対応の組合わせです。

図表 11-3 地域の重要3分野とその対応

重要3分野	対応
地域の基盤産業の強化	・グローバル化の加速 ・産業集積の創出 ・地域資源の活用とブランド化 ・商品・サービスの高付加価値化 ・ハイエンド・高齢者向け市場の創造 ・創業環境
まちづくり	・コンパクトシティと広域連携 ・独自資源の有効活用 ・規制緩和・規制強化 ・インフラ整備
ひとづくり	・グローバル人材の育成・活用 ・地域人材の育成・活用 ・若年雇用創出・スキル向上 ・女性・高齢者の活用

出所：日本政策投資銀行 人口減少問題研究会 最終報告書［2014］「地域社会の活力維持・成長に向けての取組と連携プラットフォームの形成 ―人口減少下での地域産業の競争力強化，まちづくり，ひとづくりへの提言―」ほか，各種資料を基に筆者加筆。

2 プレミアム地域創生の実現に向けて

地域ならではの体験と異日常空間

　プレミアム地域創生のキーパーソンとは，映画やテレビの制作に準(なぞら)えると，プロデューサー（製作者），シナリオライター（脚本家），ディレクター（監督）の3つの役割を担う人々のことです。プロデューサーには強固な理念や哲学を示して行動に結びつける経営者的な人，シナリオライターには先見性をもったコンセプトやビジョンを設定する人，そしてディレクターには現場に立って住民とともに汗をかき，人や組織を動かす人を選ばなければなりません。

　青森県八戸市で，行政が作った施設（ハコモノ）を活用して参加体験型の観光ツーリズムの事業を展開しているのが，NPO法人ACTYとACプロモートです。2つの組織の代表である町田直子氏は関西出身。域外の視点と女性の視点を取り入れて，地域のコミュニティとの深い関わりを持ちながら，地域資源に

図表 11-4　種差海岸（青森県八戸市東部）

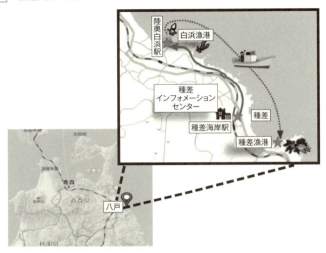

出所：町田［2015］「地域ブランディングで"ここだけ"の魅力発信」『日経研月報』2015年7月，p.66，googleマップ。

付加価値をつけて"ここにしかない"魅力として発信しています。

　事業活動は，市街地とみなとの2拠点です。市街地では，「街みなとカフェ」で情報発信番組を製作して，ネット放送局，ケーブルテレビやSNSなど多様な媒体で放送しています。みなとでは，三陸復興国立公園内にある環境省が設置した種差（たねさし）海岸インフォメーションセンターの運営，「みちのく潮風トレイル」の運営，JR八戸線の公共交通など，すでに地域に存在するハード面のストックを活用して，ソフト面で顧客の満足度を上げています。

　参加体験型ツアーでは，その地域ならではの何かを体験し，また人と交流し，食にこだわり，自分だけの特別感が得られるようなテーマ性を重視しています。例えば，「種差海岸天然芝生地で朝食を」のような"異日常空間"を演出しています（写真11-1）。異日常空間とは，地域の人にとっては日常ですが，観光客にとっては非日常空間のことです。それがリピーターの獲得につながり，さらなる口コミでの広がりへとつながります。町田直子氏は，ブランディングプランナーとして八戸市の地域プロデュースを進めているなかで，以下のよう

写真 11-1
人気商品
「種差海岸天然芝生地で朝食を」

出所：町田［2015］「地域ブランディングで"ここだけ"の魅力発信」『日経研月報』2015年7月, p.66。

な思いを語っています。

「最初は，「これ，やってみたら楽しいに決まっている！」という思い込みが原動力でした。地域づくりを進めていくと，知っておかないといけないのが地域資源。冷静に地域資源を素材として見極め，いかにスパイス（付加価値）を加え調理していくか，それが"魅力"というものに変換されていくと思っています。」（町田［2015］p.70）

日本の資源と発酵食品によるプレミアム戦略

プレミアム地域創生を実現するためには，キーパーソンとともに，地域資源の「発掘─研磨─表現」のプロセスが重要です。まずは，「発掘」です。"オリジナルの発見"と言い換えても良いでしょう。どのような地域資源（素材）に注目すれば良いのでしょうか。"地域らしさ"があるか，つまり他の地域との"差異化"ができるかどうかです。次は，「研磨」です。発掘した地域資源を域外の市場につなげるための，創意工夫による商品・サービスの改良・改善です。最後が，「表現」です。誰にどのような方法で伝えていくのか，情報の発信力が問われます。

千葉県の北端中央部に位置する神崎町に，「道の駅　発酵の里こうざき」があります。地域にある食材を地域の菌で発酵させる，この「発酵」をテーマに地域や町を元気にしていく活動が始まっています。人口6,400人ほどの小さな町に，月7万人が訪れるまでになっています。ここは昔から利根川の豊富な水

源と豊かな土壌に恵まれ，発酵文化がさかんな地域です。創業340年の自然酒蔵元「寺田本家」は，酒造りの原点に立ち戻り，昔ながらの機械をほとんど使わない"てのひら造り"を始めました。

「五人娘」「香取」「むすひ」など，寺田本家の酒はすべて自然酒です。近くにある神崎神社を水源とする地下水を仕込み水に，添加物を人工的に加える製法をやめて，麹菌，酵母菌，乳酸菌という"蔵付き"の微生物の力を借りた昔ながらの酒造りを始めました。「酒は百薬の長」という諺があるように，昔ながらの日本酒には病気や老化のもとになる活性酸素の生成を予防する効果があることが報告されています。また，寺田本家の24代目，寺田優氏は，地元に根付く菌で白ワインに似たフルーティーな酒を開発して，高級レストランからの引き合いがあります。これは地域資源の「研磨」です。

「日本には資源がない」とよく言われますが，それは違います。**適度な気温，湿潤な気候，米作・水耕文化という組合わせ，そのものに希少性があり，これが日本の資源なのです。**この資源を活用して，清酒，味噌，食酢，漬物，醤油，

図表 11-5 発酵食品の分類

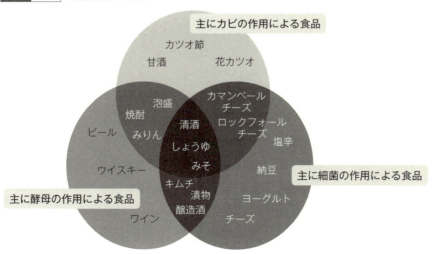

出所：道の駅「発酵の里こうざき」パンフレット。

焼酎，泡盛など，微生物を利用した食品群が"発酵食品"です。さまざまな健康効果がある発酵食品を集めたのが，「道の駅　発酵の里こうざき」です（図表11-5）。また，発酵作用によって微妙な風味がつくられるので，食品としてのプレミアムの価値も高くなります。

　発酵食品の棚には，世界各国の言葉に訳された「発酵の里こうざき」のパンフレットが並んでいます。ここには，「地域資源の発掘，研磨，表現」の3要素が揃っています。「もっともグローバル化しているのは食文化」と言われています。世界はこれから社会の高齢化を迎えます。健康・美容ニーズが高まれば高まるほど，日本の発酵食品が注目されるようになります。そして世界の人々は，日本の大都市だけではなく，自然豊かな地域へと足を運ぶことになるのです。

3　未来に向けたトレンドと創造型人材の育成

パーソナル×リピート

　人口が減少している地域の観光戦略は，成長している都市や地域といかにつながるか，これに尽きるのではないでしょうか。パーソナルとリピートの掛け合わせがそのヒントです。カフェ，レストランや居酒屋を見回すと，最近，個人客が増えているのがわかります。"消費のパーソナル（personal）化"です。この現象は観光市場にも波及しています。北海道・道南地域にある江差町を訪ねた時の話です。

　北海道新幹線の新函館北斗駅や木古内駅から車を1時間30分走らせると，日本海に面した人口約8千人の江差町に着きます（**写真11-2，3**）。江差町は，江戸時代にはニシン漁や北前船による檜材取引で賑わった港町で，「江差の五月は江戸にもない」と謳われたほどに繁栄しました。「江差追分」は，日本を代表する民謡です。幕末の箱館戦争（1868〜1869年）では，当時，最大のオランダ製軍艦であった「開陽丸」が厳冬の荒波に飲み込まれて江差沖で沈没しています。

写真 11-2
幕末の軍艦「開陽丸」(復元) と
開陽丸記念館 (北海道江差町)

出所:江差旅庭 群来 提供。

写真 11-3
江差から日本海を望む

出所:江差旅庭 群来 提供。

　2009年5月に開業した温泉旅館「旅庭 群来(くき)」は,地域外から観光客を呼べるような魅力のある旅館を目標に,泉源良質の掛け流しの温泉,「地産地消」の食事,石のオブジェを配する中庭と客がくつろげる静寂の空間デザイン,これらの組合わせによって個性的なサービスを創り出しています(写真11-4,11-5,11-6)。"個性"は,パーソナルという言葉のもう1つの意味でもあります。

　設計は北海道を代表する建築家,中山眞琴氏。非日常性と形而上性(禅と結びついた精神性)を重視して,ストレスを抱えている人々が,その抑圧された精神を解き放つ(仏教語で"坐忘")ための空間デザインになっています。「Euroshop//JAPAN SHOP Award 2011 最優秀賞(2011年)」を受賞しています。7部屋のみ,1泊2食付き宿泊料金は1人約4万円と高額ですが,7割以上のお客が首都圏から来訪しています。年齢層は,20歳代後半から40歳代までの比較的若い層が半数近くを占めています。江差町のふるさと納税の返礼品,「江差旅庭 群来—1名様タクシー送迎付・宿泊券(1泊2食付)15万円」も

第11章 プレミアム地域創生の実現に向けて 203

写真 11-4
江差旅庭 群来（中庭）
出所：江差旅庭 群来 提供。

写真 11-5
江差旅庭 群来（回廊）
出所：同上。

写真 11-6
江差旅庭 群来（客室）
出所：同上。

好評です。「男女を問わず一人旅のお客さまも多いですが，都会でハードな仕事をされている方を中心に当館をご利用いただいているそうです」（月刊「ホテル旅館」2015年4月号，p.45）と棚田清社長が語っています。"リピート率"は4割を超えています。"本当にくつろげるサービスとは何か"，"お客にどのような価値を提供するのか"，"時代のなかでいかに使命と責任を果たすのか"，を追求する経営姿勢が，"リピート率"の向上という形で表れてきているのではないでしょうか。

GENERATION Zの世代に注目

　都市の競争力をみる指標を1つだけ示すとすれば，それは"多様性"です。**イノベーションは，さまざまな異なる知見が高密度に集積することで生み出されます。年齢，性別，国籍を超えた多様性のある場の形成です。**例えば，2010年代になって，欧米で注目され始めた言葉に"GENERATION Z"があります。パーソナル・コンピューターのwindows95が登場した1990年代半ば以降に生まれた世代です。「デジタル・ネイティブ世代」と呼ばれているように，小さい頃から身近にあったデジタル機器は身体の一部です。今，この世代が20歳代になって，経済活動や文化を牽引する時代になりつつあります。シェアリング・エコノミーでは，モノの所有ではなく共有を重んじます。

　"リア充"（リアルな生活が充実していること）や"聖地巡礼"（アニメの舞台となった土地をファンが実際に訪ねる旅行）という言葉に象徴されるように，仮想空間がまずあって，次に現実空間に向かうという行動原理です。2016年の2大アニメ映画，新海誠監督「君の名は。」，片渕須直監督「この世界の片隅に」では，その舞台になった岐阜県飛騨市や広島県呉市に観光客が訪れています。マーケティングの視点からも，この世代がどのようなものに価値を見出すのか，市場を創造するヒントがここにあります。

右脳と左脳のビジネスモデル

　脳の働きを「右脳」と「左脳」に分けると，右脳は直感的なひらめきで画像やイメージをつくり出し，左脳は理論的・科学的な思考で文字や数字で理解する，と言われています。この考え方をビジネスモデルに応用してみましょう。

　アレックス・オスターワイルダーほか[2010]は，ビジネスモデルを次のように定義しています。「究極的に，ビジネスモデルイノベーションとは，企業，顧客，そして社会のために，価値を生み出すことだと言えます。またそれは，古いモデルの交換でもあります。」（オスターワイルダーほか[2010]（小山訳[2012] p.5））

　ビジネスモデルの構造は，9つのブロックと4つの領域（経営インフラ，価

第11章 プレミアム地域創生の実現に向けて　205

図表 11-5　ビジネスモデルのキャンバス
　　　　　～9つのブロックと4つの領域（経営インフラ，価値提案，顧客，コスト・収益）～

出所：オスターワイルダーほか［2010］*Business Model Generation*, wiley.（小山訳［2012］『ビジネスモデル・ジェネレーション』pp.18-19，翔泳社）を基に筆者加筆。

値提案，顧客，コスト・収益）に分かれます（**図表11-5**）。図の左半分は企業の「内」，右半分は企業の「外」に関わるブロックや領域です。左右両方が融合している中央の「価値提案」が，価値をプレミアム化するゾーンです。

　この図の左端に「左脳」，右端に「右脳」の二文字を加えてみました。20世紀までは，左脳の"ロジック"によって効率を追及して良い製品とサービスを世の中に供給すれば，人口増加と相まって期待する成果を実現することができました。しかし，今は違います。**21世紀になると，人口減少とともに需要の掘り起こしが必要になってきたのです。右脳の"感情"に働きかけて，顧客の共感という関係性をつくりだして，顧客のリピート率を上げなければなりません。**

　それでは，どのようにしてプレミアムな価値提案をすれば良いのでしょうか。左脳の領域だけで"ビジネスモデルの不良率（コスト）を下げる"のではなく，右脳の領域で"ビジネスモデルそのものを創る"思考に変えていかなければなりません。組織やコストを第一に考えていた左脳の思考から，市場や収益を第一に考える右脳の思考への変換ともいえます。

インプット型の教育は創造性を阻害する

　教育分野での新たなトレンドが「フィンランド・メソッド」です。問題を解くのではなく，問題，つまりビジネスモデルそのものを創り出す能力を高める

手法です。この創造性という視点は，今の日本の教育においてネックです。なぜか。日本の教育は，インプット主体だからです。欧米諸国でみられるアウトプットの教育とは真逆です。

インプット型の教育は，均質的な能力育成には効果があります。例えば，全員に同じ問題を解かせたり，答えを選択させたりするのには適しています。そのため，欧米諸国に追いつくためのキャッチアップ戦略には効果がありました。これに対して，アウトプット型の教育は多様性を重視します。子供の才能を見つけて褒めれば，インプットは教師がやらなくても子供が自らやるようになります。教育改革によって世界の能力テストでトップへ駆け上がったフィンランドでは，個々の生徒が問題意識をもって自分で考える能力に注力しています。全国統一テストを廃止し，選択式のテストはあっても少しだけです。

日本のインプット型の教育は，創造性を阻害しています。大学というステージでも，創造性のある人材が育成されていません。この現実が，日本企業の経営に創造性が欠如している根源です。**これまでの教育は「テストで点をとる訓練」で良かったのですが，これからの教育は「テストそのものをつくる訓練」ではないでしょうか。**

4 おわりに

成熟経済に入り高齢化・人口減少やグローバル化が進む中で，日本の地域が再び活力を取り戻すためには何が必要なのでしょうか。その1つの解決策がプレミアム地域創生，つまり地域資源の中から価値を発見して，それを有価格・高価格にしていくことです。この視点を元に，今回，さまざまなバックグラウンドをもつ9名の著者によって，先進事例の紹介とその分析を試みました。

本書は自治体での実務や経済政策の企画・立案に携わる方々，あるいは企業や組織の新ビジネスに関わる方々の参考になれば幸いです。また，本書の執筆にあたり，取材やコメントなど多くの実務家や有識者の方々からさまざまな協力・支援をいただいたことに感謝いたします。なお，本書の中で意見にわたる

部分はすべてそれぞれの筆者の個人的見解であり，所属する組織の見解ではないことを念のために記しておきます。カバーする範囲が広く，気づいていない重要な事実やデータがまだ多数存在します。読者からのご示唆やご教示をいただき，今後の調査研究に生かしていければと考えています。

▶▶▶参考文献

麻生直子・棚田清・夏原茂樹・小林優幸・館和夫・中山眞琴・黒田伸［2017］『江差旅庭 群来―日本遺産と鰊がよみがえった街』江差旅庭 群来。

寺田優・寺田聡美［2013］『創業三四〇年 自然酒蔵元 寺田本家　麹・甘酒・酒粕の発酵ごはん』PHP研究所。

日本政策投資銀行 人口減少問題研究会［2014］『地域社会の活力維持・成長に向けての取組と連携プラットフォームの形成 ―人口減少下での地域産業の競争力強化，まちづくり，ひとづくりへの提言―』。

町田直子［2015］「地域ブランディングで"ここだけ"の魅力発信」『日経研月報』2015年7月号。

三澤勝衛［2008］『三澤勝衛著作集 ―風土の発見と創造〈3〉風土産業』農山漁村文化協会。

森川正之［2016］『サービス立国論』日本経済新聞出版社。

保田隆明・保井俊之［2017］『ふるさと納税の理論と実践 ―地方創生シリーズ』事業構想大学院大学出版部。

Alexander Osterwalder and Yves Pigneur［2010］, *Business Model Generation*, wiley.（小山龍介訳［2012］『ビジネスモデル・ジェネレーション』翔泳社）

Dennis Gabor［1972］, *The Mature Society*, Martin Secker & Warburg Ltd.（林雄二郎訳［1973］『成熟社会』講談社）

▶▶▶ホームページ

WEDGE Infinity：
http://wedge.ismedia.jp/articles/-/9618（2017年5月22日現在）（吉永みち子［2016］『この熱き人々―まっすぐな経糸の遊び―現代に生きる小倉織を世界へ 築城則子（染織家）』）

索　引

◆ 英数 ◆

2018年問題 …………………………… 188
AACSB ………………………………… 175
AR（Augmented Reality：拡張現実） 102
BID（Business Improvement District：ビジネス活性化地区） ……………… 70
CPS（サイバー・フィジカル・システム） ………………………………… 99, 104
D&S（デザイン&ストーリー）列車 …………………………… 46, 48, 53, 54
GENERATION Z ……………………… 204
GPA（Grade Point Average） ……… 186
IoT（Internet of Things：モノのインターネット） ……………………… 97, 105
JR九州 ………………… 42, 45, 51, 52, 54
JR西日本 ……………………………… 42
JR東日本 ……………………………… 42
morrina ………………………………… 33
MTA（モノテルペンアルコール） …………………………… 126, 127, 129
plaNYC ……………………………… 66, 67
PPP（Public-Private Partnership：公民連携） ………………………………… 71
TSS（タウンシップスクール） … 143, 148
UX（User Experience：顧客体験） …………………………………… 111, 112
VR（Virtual Reality：仮想現実） …… 102

◆ あ行 ◆

アーティスト・イン・レジデンス …… 135
アマゾンダッシュボタン ……………… 104
アミノ酸 ……………………………… 123
アメニティ ………………………… 66, 67
新たな価値 …………………………… 156
イオン ………………………………… 35
移出率 ………………………………… 193
一村一品運動 ………………………… 171
異日常空間 …………………………… 198
井上耕農園 ……………………………… 17
イノベーション ………………… 188, 192
芋イタミ臭 …………………………… 130
インダストリー4.0 …………………… 99
インバウンド …………… 77, 78, 80, 196
ウォーカビリティ ………………… 65, 66, 67
黄金千貫 ……………………………… 131
オンキャンパス・リクルーティング … 176

◆ か行 ◆

界隈性 …………………… 64, 65, 66, 67
可視化（見える化） ………… 98, 108, 109
川俣シルク …………………………… 11
観光列車 ………………… 43, 45, 48, 54
感性価値 …………………………… 63, 64
規制緩和 ……………………… 71, 72, 73
北九州市立ユースステーション ……… 144
キャッチアップ ………………… 117, 118, 120
ギャップ・イヤー ……………………… 181
共助 …………………………………… 165
教職協働 ……………………………… 174
拠点化 ………………………………… 158
空間サービス ……………… 98, 109, 112
空間デザイン ………………………… 202
クラウド ……………………………… 101
クラフトビール ……………………… 126
クルーズトレイン ……… 39, 42, 48, 52, 56
クルーズ船 ……………… 77, 84, 92, 93
グローバル・ニッチ・トップ ……… 188
グローバルリーダー ………………… 179
公共空間 ……………………… 71, 73, 74
公私協力方式 ………………………… 171
公助 …………………………………… 155

国際競争力 ……………… 57, 58, 59, 61, 63
国際教養（リベラルアーツ）…… 182, 184
国際バカロレア
　（IB：International Baccalaureate）‥ 179
互助 ………………………………… 154
こだわり消費 ………………………… 22
コハク酸 …………………………… 123
雇用吸収力 ………………………… 194

◆ さ行 ◆

サイバー攻撃 ……………………… 110
サードプレイス …………………… 67, 68
三方よし …………………………… 74
四季島 …………………………… 42, 56
事業の再定義 ……………………… 111
自助 ………………………………… 154
持続可能性 ………………………… 192
シビックプライド ………… 53, 138, 148
志民 ……………… 133, 138, 143, 146, 148, 150
下地島空港 ……………………… 91, 92
社会的包摂 ………………………… 168
宿坊 …………………………… 85, 86, 87
シュリンキング ……………………… 1
上客 …………………………… 79, 80, 81
消費の2極化 ………………………… 22
シリアスゲーム …………………… 103
人工知能（AI：Artificial Intelligence）
　………………………………………… 101
新・内発的発展論 ………………… 170
瑞風 ……………………………… 42, 56
スーパーグローバル大学 ………… 172
生産性 ………………………… 191, 192
瀬尾製作所 ………………………… 28
世界経済フォーラム（WEF）……… 109
セレクトショップ …………………… 32
全人格教育 ………………………… 179
全人力 ……………………………… 184
洗練性 ………………………… 110, 113

◆ た行 ◆

第一級世界都市 …………………… 79
大学全入時代 ……………………… 186
第4次産業革命 ……………… 97, 98, 99
タウンシップ ……………… 143, 146, 148
タウンシップスクール（TSS）‥ 143, 148
タグ・ホイヤー ……………………… 18
ダボス会議 ………………………… 109
タンパク質 …………………… 125, 131
簇庵 ………………………………… 12
地域自治組織 ……………………… 168
地域づくりマネージャー養成塾 … 143, 145
地域文化 ……………… 133, 135, 138, 148, 150
地域力 ……………………………… 133
チェンジメーカー ……………… 177, 179
地消地産 ……………………… 16, 17
中小企業 …………………………… 24
ツェルマット ……………………… 82
手作り品バザール ………………… 139
天空の楽園 ………………………… 3
都市間競争 ……………… 59, 62, 67, 75
トップバリュ・セレクト …………… 35

◆ な行 ◆

中川政七商店 ………………… 11, 31
ななつ星in九州 ………… 5, 8, 39, 46, 56
ニセコ ……………………………… 4
乳酸 …………………………… 122, 123
ネイバーズディ …………………… 139
ネガティブ …… 117, 118, 124, 125, 126, 130

◆ は行 ◆

派生的な効果 ……………………… 106
パーソナル ………………………… 201
八戸ポータルミュージアム はっち
　…………………………… 134, 135, 136
発酵食品 …………………………… 201
バラつきの改善 …………………… 105

ピア・ラーニング ………………… 174	マルチラテラル（多面的）なネットワーク
ビジネスジェット ……………… 87, 88, 89	……………………………………… 161
ビジネスモデル ………… 98, 107, 204, 205	万年橋パークビル ……… 138, 140, 141, 142
飛騨産業 ………………………… 10, 11	3つ星レストラン ………………………… 85
ビリオネア ………………………………… 6	ミネラル …………………………… 123, 131
フィールドミュージアム	ミラノサローネ …………………………… 11
（＝屋根のない博物館） ……………… 134	無形の価値 ……………………………… 162
フィンランド・メソッド ……………… 205	夢雀 ………………………………………… 8
風土学 …………………………………… 194	明宝特産物加工 ………………………… 25
フェアリー・フェザー ………………… 11	目に見えないサービス（無形価値）…… 113
フェラーリ ……………………………… 17	◆ や行 ◆
付加価値率 ……………………………… 194	山田錦 …………………………………… 131
福小町 …………………………………… 9	ユナイテッド・ワールド・カレッジ（UWC）
副都心黒崎開発推進会議 ………… 145, 148	……………………………………… 180
富裕層 ………… 1, 6, 7, 8, 77, 79, 84, 85, 86	ゆりの木通り商店街 ………… 138, 139, 140
ブランド ……………………… 195, 196	養成塾 …………………………………… 148
ブルーオーシャン戦略 ………………… 188	◆ ら行 ◆
ふるさと納税 …………………………… 181	ラー麦 ……………………………………… 94
プレミアム・マーケティング ………… 23	リアルタイム ……… 97, 104, 106, 107, 109
プレミアムPB …………………………… 34	リゾート ………………… 77, 90, 91, 92
プレミアム商品 ………………………… 22	リピート …………………………… 201, 203
プロデューサー ………………………… 197	リンゴ酸 …………………………… 122, 123
ベストプラクティス …………………… 186	レッドオーシャン ……………………… 17
ポジティブ …… 118, 124, 125, 126, 130, 131	ローカリティ …………………………… 66
◆ ま行 ◆	ロッテアライリゾート ………………… 91
マーケットイン ………………………… 16	ロバートパーカー ………………… 121, 124
まちぐみ ………………………… 136, 137, 138	ロマネ・コンティ ……………………… 9
まちなか ……… 133, 134, 135, 136, 137, 138, 141, 142, 143, 148, 149, 150	

■執筆者紹介（執筆分担）

山﨑　朗（やまさき　あきら）　　　　　　　　　　　　　　　　第1章・第5章
　　編著者紹介参照

大﨑孝徳（おおさき　たかのり）　　　　　　　　　　　　　　　　　　第2章
　　名城大学経営学部教授

大谷友男（おおたに　ともお）　　　　　　　　　　　　　　　　　　　第3章
　　公益財団法人九州経済調査協会　調査研究部次長

辻田昌弘（つじた　まさひろ）　　　　　　　　　　　　　　　　　　　第4章
　　東京大学公共政策大学院　特任教授

鍋山　徹（なべやま　とおる）　　　　　　　　　　　　　　　　第6章・第11章
　　編著者紹介参照

佐藤　淳（さとう　じゅん）　　　　　　　　　　　　　　　　　　　　第7章
　　株式会社日本経済研究所　上席研究主幹

大西達也（おおにし　たつや）　　　　　　　　　　　　　　　　　　　第8章
　　一般財団法人日本経済研究所　常務理事（地域創造業務統括）
　　地域未来研究センター長　兼調査局長

前田幸輔（まえだ　こうすけ）　　　　　　　　　　　　　　　　　　　第9章
　　株式会社日本経済研究所　主任研究員

大橋知佳（おおはし　ちか）　　　　　　　　　　　　　　　　　　　　第10章
　　一般財団法人日本経済研究所地域未来研究センター　副主任研究員

■編著者紹介

山﨑　朗（やまさき　あきら）
中央大学経済学部教授。博士（経済学）。
　京都大学工学部卒，九州大学大学院経済学研究科博士課程単位取得満期退学。
　九州大学助手，フェリス女学院大学講師，滋賀大学経済学部助教授，九州大学教授を経て，現職。主な著書に，『日本の国土計画と地域開発』（東洋経済新報社），『地域創生のデザイン』（編著，中央経済社），『地域政策（ベーシック＋）』（共著，中央経済社），『東京飛ばしの地方創生』（共著，時事通信社）など。

鍋山　徹（なべやま　とおる）
一般財団法人日本経済研究所 チーフエコノミスト，専務理事（新産業創造業務統括），地域未来研究センター・エグゼクティブフェロー。
　早稲田大学法学部卒。日本開発銀行入行，米国スタンフォード大学国際政策研究所客員研究員，（株）日本政策投資銀行産業調査部長等を経て，現職。日本プロジェクト産業協議会（JAPIC）林業復活・地域創生WG（主査），九州経済連合会IoTビジネス研究会（座長）に参画。テレビ東京「WBS（ワールドビジネスサテライト）」のレギュラーコメンテーター（2010-2014）。主な著書に，『日本企業のものづくり革新』（共著，同友館）など。

地域創生のプレミアム（付加価値）戦略
■稼ぐ力で上質なマーケットをつくり出す

2018年2月10日　第1版第1刷発行

編著者　山　﨑　　　朗
　　　　鍋　山　　　徹
発行者　山　本　　　継
発行所　㈱中央経済社
発売元　㈱中央経済グループ
　　　　　　パブリッシング

〒101-0051　東京都千代田区神田神保町1-31-2
電話　03（3293）3371（編集代表）
　　　03（3293）3381（営業代表）
http://www.chuokeizai.co.jp/
印刷／三英印刷㈱
製本／㈲井上製本所

© 2018
Printed in Japan

＊頁の「欠落」や「順序違い」などがありましたらお取り替えいたしますので発売元までご送付ください。（送料小社負担）
ISBN978-4-502-24741-5　C3034

JCOPY〈出版者著作権管理機構委託出版物〉本書を無断で複写複製（コピー）することは，著作権法上の例外を除き，禁じられています。本書をコピーされる場合は事前に出版者著作権管理機構（JCOPY）の許諾を受けてください。
JCOPY〈http://www.jcopy.or.jp　e メール：info@jcopy.or.jp　電話：03-3513-6969〉